DAVID Y

# Secretos
## del Crecimiento
### de la Iglesia

BETANIA

*Un Sello de Editorial Caribe*

Betania es un sello de Editorial Caribe

**© 2000 Editorial Caribe**
Una división de Thomas Nelson, Inc.
Nashville, TN – Miami, FL (EE.UU.)
E-Mail: editorial@editorialcaribe.com
www.editorialcaribe.com

ISBN 0-88113-576-3

# Contenido

# Capítulo 1

# *Secretos del crecimiento de la Iglesia*

## Los fundamentos para el crecimiento de la Iglesia

*E*sta es en verdad la era del crecimiento de la Iglesia, no solo de la iglesia pequeña, sino de la iglesia grande. Hoy en día, todas las iglesias tienen la responsabilidad de continuar creciendo y extendiendo el Reino de Dios en la Tierra. Esto es posible únicamente con la ayuda del Espíritu Santo. La Biblia dice:

*No con ejército, ni con fuerza, sino con mi Espíritu, ha dicho Jehová de los ejércitos* (Zacarías 4.6).

La Biblia dice claramente que «en los últimos días Dios derramará su Espíritu sobre toda carne», sobre todo el mundo, sin importar si son judíos o gentiles. Dios ha hecho ya el trabajo preliminar para el crecimiento de la Iglesia cuando dijo que derramaría su Espíritu sobre toda carne, sobre creyentes y no creyentes.

*Y en los postreros días, dice Dios, derramaré mi Espíritu sobre toda carne* (Hechos 2.17).

No soy un teólogo ni un erudito, pero he aprendido algo sobre el crecimiento de la Iglesia a través de mis propias experiencias dirigiendo una. He adquirido grandes experiencias, comenzando con una iglesia de cinco miembros reunidos en una carpa, hasta la iglesia más grande del mundo actualmente. A través de ellas he aprendido casi todas las facetas del crecimiento de una iglesia, una de las cuales es, que para que una iglesia crezca debe tener fundamentos sólidos.

## Actitud

Para que una iglesia crezca, la actitud del pastor es sumamente importante. Si cree que su iglesia no puede tener crecimiento, nunca lo tendrá. Si cree que siempre tendrá una iglesia pequeña, entonces su iglesia permanecerá pequeña. Si cree que una iglesia pequeña es hermosa, entonces tendrá esa clase de hermosura hasta el día de su muerte.

Por otro lado, si cree que su iglesia tiene posibilidades de crecer, cuando crea realmente que puede crecer, logrará su crecimiento. Un espíritu triunfador, una actitud positiva son muy importantes para el crecimiento de una iglesia. Usted debe mantener siempre una actitud de «se puede».

En 1958, cuando me gradué del Colegio Bíblico y comencé una iglesia en el área de los barrios bajos de Seoul, fui movido por el Espíritu Santo a tener una actitud de «puedo». En ese tiempo estaba en una situación desesperada. Me rodeaban gente totalmente sumida en la pobreza. No tenía ningún apoyo financiero para mi trabajo y semana tras semana, la iglesia estaba al borde del colapso.

Fue durante ese tiempo cuando aprendí realmente cómo orar y ayunar, no necesariamente porque fuera muy espiritual, sino porque no tenía nada que comer. Cuando recuerdo esos días me doy cuenta cuán benditos fueron para mi crecimiento espiritual.

*Siempre van a venir daños*

Muchos de mis compañeros vinieron a mí y trataron de desanimarme. Me dijeron: «¿Crees que puedes levantar una iglesia en esta área rural, entre gente tan pobre? ¡Olvídalo! Quita la carpa de tu iglesia y ven a ser profesor de Escuela Dominical en mi iglesia».

Cada vez que me arrodillaba para orar tenía una ardiente sensación en mi corazón. Aun cuando no podía ver con mis ojos, ni oír con mis oídos, ni tocar con mis manos, no obstante, esa actitud ardiente invisible permanecía en mi corazón.

Una y otra vez me decía a mí mismo: «Es posible para mí levantar la iglesia más grande de Corea. Sí, yo puedo hacerlo con la ayuda del Espíritu Santo». Sin embargo, este pensamiento íntimo no podía compartirlo con otras personas porque se hubieran reído de mí. Algunas cosas que el Espíritu Santo pone en su corazón son imposibles de compartirlas con personas comunes y corrientes porque no entenderían. En mi corazón supe que iba a tener una iglesia grande porque yo lo creía. Creía que un día podría ser pastor de la iglesia más grande del mundo.

*célula se Multiplique*

Para que una iglesia crezca, el pastor debe primero creer firmemente que así será y tener la seguridad de que el Espíritu Santo le ayudará.

Luego, la siguiente cosa importante que tiene que hacer es leer libros. La lectura de buenos libros tiene una tremenda influencia en la vida de un pastor. Yo mismo he sido muy influido por muchos libros de Oral Roberts. A medida que devoraba esos libros, estos quemaban mis huesos y agrandaban mi visión y mi deseo de milagros. Una y otra vez en sus libros, Oral Roberts decía que los milagros son la respuesta a los problemas.

Otra cosa en la que hacía énfasis muchas veces en sus libros, era que debemos esperar que sucedan cosas buenas.

Naturalmente, no había nada notorio que yo pudiera esperar que sucediera.

El asociarse con líderes de éxito y la lectura de buenos libros, le estimularán grandemente.

Durante todos estos años he leído libros escritos por Oral Roberts. Estos libros me han ayudado a tener una continua actitud triunfadora en mi espíritu y una actitud de posibilidad en mi corazón. El escoger buenos libros para leer que traten del éxito, influirá en su ministerio y lo mantendrá encendido para el evangelismo.

Asistir a conferencias sobre el crecimiento de la iglesia, saturarse de la atmósfera de esas conferencias en su vida personal, lo ayudará a tener continuamente un espíritu triunfador en su corazón.

En una conferencia sobre el crecimiento de la Iglesia, ministros de éxito de todo el mundo se reúnen y se contagian mutuamente del espíritu de éxito al compartir sus experiencias. Esto es muy importante.

Al asociarse siempre con personas de éxito, usted puede llegar a tener un espíritu triunfador. Al tener compañerismo continuamente con el éxito se pueden lograr grandes cosas. Su corazón debe estar constantemente en actitud positiva en relación con el crecimiento de la iglesia. Por veintiocho años he estado viviendo el crecimiento de la iglesia, y mi corazón todavía anhela un mayor crecimiento.

En mi iglesia, la membresía es de más de medio millón de personas. En los siete servicios que tenemos todos los domingos, nuestras instalaciones están llenas a toda su capacidad. No podemos acomodar ni un alma más en nuestra iglesia. Por eso iniciamos un programa de transmisión satélite para las iglesias. Actualmente hay diez iglesias satélites cuya asistencia total en los servicios de adoración es de 100.000 personas.

Cuando predico en la iglesia madre el domingo por la mañana, la transmisión llega directamente a esas iglesias, a los cristianos reunidos en esas diez localidades. En estas iglesias satélites con video, hay 7000 personas en cada una, y 4000 que asisten a otra iglesia grande. Las otras son un poco más pequeñas.

Muchas iglesias denominacionales están localizadas cerca de mis iglesias satélites, pero la gente en vez de ir a escuchar a una persona predicando en vivo los domingos por la mañana en esas iglesias, miles vienen a oír mis sermones transmitidos. ¿Saben por qué? Porque tengo un mensaje que darle a la gente. Eso es muy importante. Si usted tiene un mensaje, la gente vendrá para oírle por TV, antes que escuchar predicar a otro ministro en persona que no tiene un mensaje para ellos.

El crecimiento de las iglesias es posible porque el Espíritu Santo ya se ha derramado sobre toda carne incrédula. Dios ha derramado su espíritu sobre toda carne norteamericana, sobre toda carne coreana, sobre toda carne japonesa, sobre toda carne hispanoamericana, sobre toda carne australiana, sobre toda carne de Singapur, sobre toda carne india. Dios ya ha derramado su Espíritu sobre todas esas personas. El Espíritu del Señor ya está obrando entre ellos. La mitad del trabajo ya está. Si usted no puede creer en ganar las multitudes para Jesucristo, entonces está fallándole a Dios.

Si ustedes como ministros no pueden creer en un gran crecimiento de la iglesia, están fallándole a Dios. Esta es la era del gran crecimiento de la Iglesia. Usted debe esperar que haya iglesias que crezcan en su área.

## Establecimiento de metas

Muchas personas tratan de comenzar el crecimiento de una iglesia sin fijarse una meta. Dicen: «Es Dios el que decide el futuro de todo. Las personas que piden a los cristianos ponerse metas no tienen fe». Sin embargo, la Biblia dice que la «fe es la sustancia de lo que se espera» ¡COSAS! Cuando usted tiene claramente definidas las cosas por las cuales está esperando, entonces dan sustancia a su fe.

Si no tiene una meta definida, entonces durante todo el año no podrá tener una fe clara. Si tiene una meta indefinida, tiene una fe indefinida. Pero cuando tiene una meta definida, tendrá una fe clara en su corazón. Las metas son muy importantes para el crecimiento de una iglesia.

Muchas personas andan vagando sin metas, de manera que carecen de un sentido de dirección en su ministerio, y están desperdiciando tiempo, dinero y energía. Sin embargo, tienen un espíritu ferviente que clama: «Oh Dios, manda un avivamiento a esta iglesia».

Una oración tan imprecisa no tiene mucho poder. La Biblia nos enseña que debemos acercarnos a Dios con una fe definida y con metas definidas.

*Pero sin fe es imposible agradar a Dios; porque es necesario que el que se acerca a Dios crea que le hay, y que es galardonador de los que le buscan* (Hebreos 11.6).

En mi ministerio mis metas han sido siempre perfectamente claras y definidas, inclusive han sido escritas y entregadas a mis colaboradores y a los miembros laicos de mi iglesia. Año tras año, nuestras metas son siempre muy claramente establecidas. Nuestra iglesia está constantemente mirando a esas metas e invirtiendo nuestro dinero, tiempo y energías para alcanzar esas metas. Nunca desperdiciamos dinero ni energía fuera de la persecución de esas metas. Cuando nos hemos concentrado en nuestras metas año tras año, Dios nos ha ayudado a alcanzarlas y nuestra iglesia ha progresado.

Ahora nuestra meta es tener un millón de miembros adorando a Dios.

Por supuesto, debido a las limitaciones de tamaño de esta iglesia, sería imposible acomodar a todo el millón de miembros en esta iglesia en un solo servicio, sin embargo, ellos no necesitan venir a la iglesia madre, sino que pueden adorar en las iglesias satélites que están cerca de donde viven.

Para hacer posible el crecimiento de la iglesia, las metas tienen que estar perfectamente definidas y dadas por escrito. Solo con metas claras se puede motivar a la gente a orar y a dedicar sus energías a ese propósito.

Para ascender a una montaña, se debe tener un objetivo claro de esa montaña en particular. Solamente entonces usted se sentirá motivado para subir a ella. En otras palabras, si las personas no tienen una meta específica como cuál montaña subir o hasta dónde subir en esa montaña, no sabrán qué preparar ni por dónde comenzar. Con tal incertidumbre, usted no se sentirá motivado a subir a ninguna montaña.

El éxito puede medirse mediante sus metas claramente definidas. Si no se han establecido metas, nunca sabrá dónde está, hacia dónde va, o cuándo llegará. Con metas, sus éxitos y sus fracasos pueden medirse, y también su vida personal. Yo siempre miro mi propia vida personal para cerciorarme si hay progreso en mis metas. Si no hay progreso, trato de corregir mi curso. establecer metas es muy importante para el crecimiento de la iglesia.

El crecimiento de la iglesia es en verdad algo muy fácil una vez que conoce el método. De otra manera, usted estará andando sin objetivo, sin propósito, de aquí para allá.

## Visiones y sueños

La Biblia afirma muy claramente que en los últimos días Dios va a derramar su Espíritu sobre toda carne.

«Y en los postreros días, dice Dios, derramaré mi Espíritu sobre toda carne, y vuestros hijos y vuestras hijas profetizarán; vuestros jóvenes verán visiones, y vuestros ancianos soñarán sueños» (Hechos 2.17).

El Espíritu Santo se especializa en sueños. El Espíritu Santo nunca comienza a obrar antes de que usted tenga visiones y sueños. Las visiones y los sueños son el lenguaje y la expresión del Espíritu Santo.

Hace algún tiempo, cuando conversaba con Oral Roberts, él me dio un pasaje de las Escrituras que quemó mis huesos. En Hechos 1.8, Jesús ordenó a sus discípulos que recibieran el Espíritu Santo:

*Pero recibiréis poder cuando haya venido sobre vosotros el Espíritu Santo, y me seréis testigos en Jerusalén, en toda Judea, en Samaria, y hasta lo último de la tierra* (Hechos 1.8).

Antes del día de Pentecostés, Dios ya había dado la visión y el sueño a los discípulos y al pueblo, de alcanzar a la región de Judea, a la de Samaria y lo último de la tierra. Luego, Dios confirmó esas visiones y esos sueños en todos y cada uno de los corazones de sus discípulos. Entonces, en el día de Pentecostés, Dios derramó su Espíritu para que el Espíritu del Señor pudiera usarlos para cumplir esa meta; las visiones y los sueños fueron delante de la obra del Espíritu Santo.

El ver viene antes del poseer. Antes de que Dios le diera la tierra de Canaán a Abraham, le pidió que se pusiera en pie y levantara su cabeza y mirara hacia el norte, hacia el sur, hacia el este y hacia el oeste. La Biblia claramente dice:

«Alza ahora tus ojos, y mira desde el lugar donde estás hacia el norte y el sur, y al oriente y al occidente. Porque toda la tierra que ves la daré a ti y a tu descendencia para siempre» (Génesis 13.14-15).

El ver viene antes del poseer. Esto es casi lo mismo que sucederá el día en que todos los cristianos entren al cielo, y cumplan el sueño de ser transformados a la imagen de la perfecta justicia que es Cristo.

Está escrito en 2 Corintios 3.18:

*Por tanto, nosotros todos, mirando a cara descubierta como en un espejo la gloria del Señor, somos transformados de gloria en gloria en la misma imagen, como por el Espíritu del Señor.*

La Biblia tiene tremenda revelación sobre la importancia de tener visiones y sueños. Si usted quiere ser cambiado a la imagen de Cristo, de gloria en gloria, la Biblia dice que primeramente debe ver claramente en su corazón la gloria de Jesucristo.

Si quiere alcanzar su meta, el primer paso debe ser «comtemplar esa meta como en un espejo». Para identificarse con esa meta, para tener fe para alcanzarla, debe tener la visión de esa meta claramente en su mente. Debe mirar esa meta-visión como si estuviera mirando en un espejo, entonces cada día será transformado a esa imagen. Ese es el principio del crecimiento de mi iglesia.

Las personas sin visiones y sin sueños perecen. *Donde no hay visión, el pueblo perece* (KJV); *Donde no hay visión, el pueblo se desenfrena* (Proverbios 29.18 LBA).

Si usted no tiene visiones ni sueños no puede crear nada, así que va a perecer. Por supuesto esas visiones y esos sueños deben ser inspirados por el Espíritu Santo. Debe orar al Espíritu Santo que le de una clara visión de la meta. Una vez que el Espíritu Santo del Señor inspire eso en su corazón, usted tiene que cumplir la visión de esa meta. Debe aceptar eso en forma de visiones y sueños. Debe estar preñado de visiones y de sueños para poder incubar esas visiones y esos sueños.

La primera etapa es comtemplar su objetivo como en un espejo, luego va a ser cambiado en esa misma imagen para identificarse con esa visión que tiene de meta. Por años y años yo tuve visiones y sueños en mi corazón antes de que la meta nunca se cumpliera. Miraba esa visión un día y otro día, como si estuviera mirando en un espejo. Llegué a lavarme tanto el cerebro, que tuve la sensación de que la meta ya estaba cumplida.

Antes de que mi iglesia tuviera 700.000 miembros, actuaba como si ya los tuviera. Hablaba como un pastor que tenía 700.000 miembros. Caminaba como un pastor que ya tenía 700.000 miembros.

Cuando un pastor vive día a día contemplando sus visiones y sueños, actuando como si ya se hubieran cumplido, toda su personalidad es transformada, la habilidad y capacidad del pastor son cambiadas. El Espíritu Santo le da al pastor la fe necesaria y una tremenda motivación para alcanzar esa meta. En lo que ha usted le toca, su habilidad y capacidad han sido edificadas por medio de visiones y sueños.

Antes de que Dios diera su Espíritu Santo a los discípulos de Cristo, primeramente les dio visión. Les ayudó a que tuvieran una visión de Jerusalén, Judea, Samaria y hasta lo último de la tierra. Luego derramó la capacidad para hacerlo en sus corazones. El Espíritu Santo le dará la capacidad de lograr lo que usted ve. Después de recibir el Espíritu Santo en el día de Pentecostés, los discípulos recibieron el poder para testificar del evangelio de Cristo hasta que murieron.

El Espíritu Santo le da habilidad y capacidad para cumplir sus visiones y sueños. Sin embargo, si usted falla en no mirar las visiones y sueños con fe, el Espíritu Santo ya no tiene nada que darle.

Es muy importante que mire las visiones y sueños que le da el Espíritu Santo. Cuando ora y tiene un objetivo centrado en Dios, y mira las visiones y sueños para su cumplimiento, Dios le da poder. Para cumplir lo que agrada a Él, Dios ciertamente nos proveerá de conocimiento y capacidad para lograr nuestras metas mediante el Espíritu Santo.

Al comienzo de mi ministerio, mi sueño era llegar a ser como Oral Roberts. Leía sus libros mientras lo veía a él en mi mente. Por supuesto, también admiraba mucho a Billy Graham, pero mi llamamiento era la sanidad porque yo mismo había sido levantado de mi lecho de muerte de tuberculosis. Jesucristo no solamente nos proveyó redención sino también sanidad divina de nuestras enfermedades.

Aunque disfruto mucho los mensajes de Billy Graham, sin embargo sabía que mi llamamiento era traer sanidad a mi generación con los mensajes de Dios. Miraba constantemente a Oral Roberts en la televisión, y decía: «Oh Dios, dame ese espíritu en mi corazón, permíteme predicar y hablar como Oral Roberts».

Desde entonces comencé a verme y a soñar de mí mismo como un gran sanador y mensajero, orando a Dios más fervientemente para que así fuera. No mucho tiempo después, mis visiones y sueños junto con mis oraciones, comenzaron a dar fruto. Donde quiera que entregaba los mensajes de Dios se producían milagros de sanidad divina. Mediante esos milagros incontables personas han sido sanadas durante todo el tiempo.

Sucederá igual con usted, cuando tenga una meta perfectamente clara, y usted mismo sea cambiado en esa imagen. Se le dará el mismo espíritu, poder, capacidad ... todo.

Ahora, la gente se queja de que los jóvenes se están volviendo rebeldes e intratables. ¿Por qué? Porque los jóvenes están mirando constantemente esa clase de imagen en la televisión. Día tras día están siendo expuestos a toda clase de crímenes. Han estado observando asesinatos y se han identificado tanto con esa imagen, que toman el valor de la vida humana muy a la ligera. Sienten que matar es solo un juego.

Nunca podremos esperar que nuestra joven generación sea suavizada, a menos que primero nos libremos de la violencia en la televisión. Es muy peligrosa. Las imágenes de sexo y asesinatos en la televisión implantan visiones y sueños incorrectos en las mentes de nuestros jóvenes. Inconscientemente generaciones enteras están siendo conformadas y transformadas a esa clase de imagen.

Esto entraña un gran peligro para esta generación. A medida que la generación de jóvenes es influida por estas imágenes, ellos afectarán a todas las otras generaciones para producir una aceptación general de la violencia y la depravación, como algo normal.

Actualmente Japón disfruta de un gran avivamiento económico. Cuando una nación experimenta tal avivamiento económico, esto también le concede peso político y poder en la escena internacional. Aunque el pueblo japonés ha llegado a ser más rico que en el siglo pasado, es un pueblo que carece de doctrina o dogma sobre lo cual basar su vida. Sin tener la Verdad, su corazón permanece vacío anhelando algo que lo llene. Inclusive ahora el diablo está trabajando para implantar la antigua gloria del imperialismo en el corazón del pueblo. Este signo puede verse en todo el Japón.

Como un país vecino, alguna vez sometido al imperialismo japonés por 36 años, no podemos sino preocuparnos constantemente por la dirección que tomará el Japón. Si Jesucristo no llena su vacío corazón, siempre habrá el peligro de que el pueblo japonés dirija su poderío económico y político hacia el imperialismo.

Nos toca a nosotros testificar del evangelio al pueblo japonés a fin de que acepten a Cristo, y tengan el objetivo y la visión correctas. Si se logra esto, Japón tiene el potencial para llegar a ser una gran bendición para la humanidad. Por otra parte, si el diablo triunfa en apoderarse completamente de ellos, gran destrucción vendrá una vez más de parte de ellos. Esta es la razón por la que la evangelización del Japón es de extrema importancia.

Cuando aceptamos a Cristo en nuestros corazones, en ese mismo momento llegamos a ser nuevas criaturas. Dios nos bendice espiritual, física y genuinamente mientras vivimos en este mundo. Sin embargo, este proceso de cambio no viene instantáneamente sino paso a paso. Muchas personas se quejan: «Pastor, tengo visiones y sueños en mi corazón pero no soy cambiado». Debe comprender que usted no será cambiado de la noche a la mañana. El cambio ocurre lenta y gradualmente.

Cuando predico el mensaje de Dios, trato de ayudar a los enfermos para que se hagan una imagen de sí mismos ya curados de sus enfermedades por la sangre de Jesucristo. Lo hago así, de manera que ellos tengan continuamente ese cuadro en sus mentes después que el servicio ha concluido. Si no se les provee esta visión y este sueño en cuanto a su salud, no podrán ser cambiados de la enfermedad a la salud. Aunque muchas personas reciben oraciones de parte de los siervos de Dios, después de las oraciones regresan a su hogar con la imagen de su enfermedad en sus mentes.

«Oh, estoy muy enfermo. Me estoy muriendo de este cáncer».

«Claro que recibí la imposición de manos, pero todavía estoy sufriendo».

A menos que cambie su actitud, esa persona nunca tendrá el poder del Espíritu Santo para sanarse. Tener fe en que solamente Dios puede curarle de su enfermedad, y confiar en Dios para que así sea, producirá el milagro de su curación. El punto de contacto puede ser liberado solamente cuando esa persona tiene una clara visión de su curación divina. Antes de que esa persona sea curada, debe verse a sí misma ya curada por el poder del Espíritu Santo. Primeramente, uno debe tener una clara imagen de su salud en su corazón. Luego, cuando alguien le toca, esta persona llegará a ser el punto de contacto. El vaso está ya listo. Entonces el poder de Dios puede ser vertido en ese vaso.

¿Por qué predicamos? Debemos predicar para dar a la gente el mensaje por medio del cual puedan experimentar visiones cambiadas y sueños cambiados respecto a sí mismos, entonces el poder puede venir y se alcanza la meta. A veces el cambio ocurre inmediatamente y otras gradualmente y paso a paso. Debemos tener paciencia.

Siempre guardo un registro escrito de mis visiones y sueños en un pequeño cuaderno. Luego hago nacer esas visiones en mi corazón y vivo día a día soñando con ellas.

Antes de edificar esta iglesia, hice nacer a esta iglesia en mis sueños y en mi corazón. Mi iglesia estaba ya creciendo en mí durante 5 ó 6 años. Mi iglesia había estado allí en forma de visiones y sueños, y creciendo de gloria en gloria, por el poder del Espíritu Santo. Luego, cuando llegó el día apropiado, le di el nacimiento físico a esta iglesia. Siempre digo que usted no tiene que construir una iglesia, solamente tiene que hacerla nacer.

Muchas personas dicen que Dios me favoreció al ayudarme a presidir esta iglesia. Otras personas que no son cristianas llaman al crecimiento de las iglesias en estos días, incluyendo el crecimiento de mi iglesia, un tremendo «estallido». Las iglesias en Corea, y especialmente la Yoido Full Gospel Church (la Iglesia del Evangelio Completo Yoido), han crecido notablemente.

Dios trabaja para usted solamente por medio de sus visiones, sus sueños, su fe, sus oraciones. En la medida en que nosotros necesitamos a Dios, Él necesita de nosotros. Por medio de nosotros, Dios da el crecimiento de las iglesias en este mundo, y el extendimiento del evangelio y de su Reino.

# Capítulo 2

# *La clave del crecimiento de la Iglesia: Alimento espiritual*

*por Ej- una Cofola.* *E*n 1958, cuando comencé una *uno comienzo* iglesia pionera, estaba mal equipado para preparar los sermones. Mis profesores del seminario me habían enseñado continuamente en sus clases, cómo abatir a la gente y destruir su auto imagen y su auto respeto. Todavía más, me habían enseñado cómo condenar a la gente y plantar una semilla de culpa en sus corazones para hacerlos buenos cristianos. Naturalmente, es más fácil destruir a la gente que edificarla. Esta es la tendencia de las iglesias ahora en todo el mundo. Sin embargo, es innecesario condenar y criticar a la gente en los sermones. En vez de eso, los pastores deberían pasar tiempo en oración y esperar en el Señor, para preparar un sermón que anime y oriente a la gente. *amen*

## *El alimento espiritual que el hombre necesita*

Después de comenzar la iglesia de la carpa, tan pronto como comencé a predicar, mis sermones eran degradantes, en ellos reprendía duramente y condenaba a la gente, exactamente como me enseñaron en la escuela de teología. «Como

el apóstol Pablo», me enorgullecía pensando, «estoy haciéndolo muy bien». Sin embargo siempre estaba confuso, nunca
en paz. *cuando el maestro o el predicador*
*piensa que lo hace bien y otros esta mal.*

A medida que pasaba el tiempo comencé a observar bien a
mi congregación, poco a poco. Mirando a mi congregación
que había venido de los barrios bajos, comprendí que ellos ya
estaban condenados y pensaban muy bajo de sí mismos.
Sufrían de un severo complejo de inferioridad. Su amor
propio ya estaba destruido y no tenían fe ni confianza en sí
mismos. Comprendí que conocían ya su lamentable condición muy bien. No había absolutamente ninguna necesidad
de que les recordara una vez más su tristeza. Es una pena que
me haya dado cuenta de esto mucho tiempo después de
comenzar mi iglesia.

Estas personas venían a mi iglesia con esperanza, sonrien-
do y estrechando manos, pero después de oír mi mensaje se
sentían muy deprimidas y rechazadas. Comprendí que algo
estaba drásticamente equivocado en mi predicación. Es posible construir un hermoso restaurante en un excelente sitio,
con un eficiente personal de servicio, pero si el alimento que
se sirve es de mala calidad y no tiene buen sabor, no habrá
clientes satisfechos.

La iglesia se parece mucho a un restaurante espiritual. Si
usted sirve excelente comida, habrá gente haciendo cola fuera
de su restaurante. Sin embargo, si establece un restaurante en
un excelente sitio con un eficiente personal, pero el alimento
es insípido, tal vez algunos clientes vendrán una vez para ver
su restaurante, pero no regresarán. Cuando usted sirve deliciosa comida, los clientes volverán una y otra vez y se harán
parroquianos regulares.

Muchos pastores americanos me preguntan sobre el sistema de células y desean adoptar este sistema para sus iglesias.
Sin embargo, no importa cuán eficiente sea el sistema de

*Sí Amen*

células, si el pastor no tiene un mensaje adecuado para la congregación, el sistema fracasará. *nosotros tenemos q hablar de pescado para dar la solución.*

El sistema de células es como cuando los pescadores salen al mar a pescar con una red. Un sistema de células debe implementarse en una iglesia para que esta pueda ser más eficiente y salir al mundo a cumplir la obra de Jesucristo que es la de predicar el evangelio. Una vez que el sistema trae gente a la iglesia, el pastor debe guiarlos al Reino de Dios con sus mensajes.

Hace algún tiempo recibí una carta de una hermana en Cristo en Estados Unidos. Me pedía un consejo en cuanto a si debía cambiarse a otra iglesia. Decía en su carta:

«Amo a mi pastor mucho. Mi iglesia es hermosa, pero no estoy creciendo espiritualmente. Los sermones de mi pastor son muy básicos y fundamentales, tratando solamente de la gracia del sacrificio redentor de Cristo. Nuestra iglesia está llena de niños espirituales. Aunque esos sermones son hermosos, siento que debo crecer espiritualmente».

Hay pastores que predican sobre la salvación una y otra vez. Después de algún un tiempo, un niño ya no puede vivir solamente de leche, necesita alimento sólido. Si usted está alimentando a su congregación solamente con leche, ellos dejarán su iglesia lentamente de uno en uno. Siempre tendrá una congregación de niños.

Varias veces he ministrado en la iglesia del Dr. Schuller, en California. Una vez, estando allí, tuve una aleccionadora experiencia: Una hermosa pareja que había estado asistiendo a una iglesia de las Asambleas de Dios en el sur de California, estaba entre los que asistían a la congregación del Dr. Schuller. Conocía a esta pareja bastante bien. Cuando los vi en la iglesia del Dr. Schuller, me sorprendí. Les pregunté: «¿Por qué están en la iglesia del Dr. Schuller? ¿No prefieren una iglesia que pertenezca a las Asambleas de Dios, que enseñe sobre el Espíritu Santo?» Había oído de personas cambiándose de la iglesia del Dr. Schuller a iglesias de las Asambleas de Dios, pero era increíble que alguien que pertenecía a una iglesia de Asambleas de Dios, asistiera a la iglesia del Dr. Schuller.

Ellos sonrieron y me dijeron: «Pastor, por supuesto, amamos a la iglesia Asambleas de Dios. Ellos tienen talleres para niños y alaban a Dios, pero no tienen el "contenido" que hallamos aquí. En la iglesia Asambleas de Dios tenemos maravillosa adoración, exuberante alabanza, pero lo que necesitamos es alimento.

Allí no conseguíamos el alimento que necesitábamos».

«¿Qué clase de alimento consiguen aquí?», les pregunté.

«Bueno, mi esposa tenía un problema nervioso y había estado visitando a un siquiatra dos veces por semana. Recibía consejería con él, por lo cual pagaba entre 40 y 50 dólares por sesión. Por muchos años visitó al siquiatra. Él se sentaba allí a escuchar lo que ella le decía y a cobrar los honorarios. Con todo eso mi esposa no mejoraba, así que comenzamos a asistir a esta iglesia. Ahora, no solamente oímos el evangelio de Jesucristo, sino que también recibimos tratamiento siquiátrico sin costo. Lo mejor de todo es que mi esposa se ha curado viniendo a esta iglesia. Esta iglesia nos proveyó exactamente lo que necesitábamos. Por supuesto, conocimos a Dios en la iglesia Asambleas de Dios, pero aquí encontramos a un Dios que llena nuestras necesidades. Tenemos un matrimonio muy feliz, porque mi esposa está curada».

Muchas personas critican al Dr. Schuller porque sus sermones tienen un profundo contenido sicológico, pero desde ese momento decidí no escuchar esas acusaciones porque esa familia necesitaba sanidad sicológica y la recibió. La predicación debe llenar las necesidades de la gente. Aunque hay muchas iglesias en Corea, la mayoría de los pastores predican una y otra vez el mensaje de salvación. Aunque el mensaje de salvación es lo máximo en el cristianismo, una vez que una persona es salva debe crecer en ese cristianismo día a día. Está escrito en la Biblia:

*Hasta que todos lleguemos a la unidad de la fe y del conocimiento del Hijo de Dios, a un varón perfecto, a la medida de la estatura de la plenitud de Cristo* (Efesios 4.13).

Un pastor debe tener un profundo conocimiento de la Biblia y debe ser el líder que guíe a la gente para que lleguen a ser la imagen de Jesucristo.

Se dice que el hombre es una tricotomía formada de espíritu, alma y cuerpo. Puesto que cada una de estas partes es importante, no debemos ignorar las necesidades de nuestros cuerpos físicos, tanto como las necesidades de nuestros espíritus y de nuestras almas. Usted no puede descuidar la parte mental de la gente, ni puede descuidar su parte física, ni su vida social tampoco. Los ministros deben tocar cada faceta de la vida de los cristianos y ayudarlos. No debemos predicar solamente el mensaje de salvación una y otra vez. La iglesia se estancará.

Predicar el evangelio completo de Jesucristo da mucha madurez a la gente. Los ministros deben descubrir la necesidad de la gente y llenarla.

Los esquimales no necesitan refrigeradores. Sin embargo, un vendedor realmente hábil les dirá que el símbolo del modernismo en el siglo veinte es poseer un refrigerador. El vendedor irá y les dirá que toda la gente en los Estados Unidos tiene refrigeradores porque son civilizados y educados. Al final, habrá algún esquimal que quiere ser civilizado también y comprará un refrigerador.

En otras palabras, cuando la gente no puede darse cuenta por sí misma de qué es lo que necesita, usted debe hallar esa necesidad por ellos. Yo me he propuesto encontrar la necesidad de la gente. Es la razón por la que leo mucho; el periódico, Newsweek, Time; escucho la radio y miro la televisión, para descubrir cuál es la necesidad general de la sociedad coreana.

Cuando por primera vez fui a mi trabajo pionero, sin pensar en la necesidad de la gente, estuve solamente condenándoles y diciéndoles que se irían al infierno. Un día tuve una extraña experiencia: Visité un refugio familiar en Corea del norte. Ellos tenían diez niños, todos los cuales trabajaban lustrando zapatos. Toda esta familia vivía en un cuarto grande. El esposo era un alcohólico crónico, y vivía en una constante borrachera de 24 horas al día. El dinero que sus hijos ganaban lustrando zapatos lo tomaba él y lo gastaba todo en bebida. Su esposa estaba muriéndose por problemas del estómago y del corazón. Durante mi visita a ese hogar les hablé sobre el cielo y el infierno. Les dije: «Seguramente todos ustedes son pecadores y todos van a ir al infierno».

La esposa escuchó con calma, y luego dijo sonriente: «Pastor, usted no necesita venir aquí y decirnos cuán malos somos. Ya sabemos eso. Esa es la razón por la que no necesitamos ir a la iglesia para oír esas palabras repetidas una y otra vez. Sabemos que somos malas personas. Mi esposo es un alcohólico crónico, mis hijos son lustrabotas y carteristas. Yo estoy muriéndome de mala nutrición. Si puedo robar para conseguir las medicinas, lo hago. Somos malas personas, pero no necesitamos que usted venga y nos diga cuán malos realmente somos».

«Pero», le dije, «ustedes se irán al infierno». Ella se enderezó y alzó su voz: «No tenemos miedo de ir al infierno. Ya estamos viviendo en el infierno. Si ustedes, los predicadores, realmente creen en el cielo, ¿por qué no tratan de traernos un poquito de ese cielo a nosotros?»

Esa fue una tremenda revelación para mí.

Continuó: «Si usted nos muestra el cielo, entonces iremos a su iglesia».

Comencé a pensar muy profundamente. Finalmente comprendí que no estaba llenando las necesidades de la comunidad local. Yo no estaba relacionado con la gente.

Muchos predicadores están haciendo lo mismo, predicando mensajes totalmente sin relación alguna con sus congregaciones. Sus cabezas están por encima de las nubes, y no pueden ver a la gente viviendo abajo, en la tierra. Hablan diferente idioma.

Jamás piense que porque usted habla el mismo idioma que su congregación, se está comunicando con ellos. No. Si no llena su necesidad, les está hablando en un idioma desconocido. Cuando se da el Alimento Espiritual que viene de Parte de Dios todos los Personas Van a llevar el Fruto como dice la Biblia 30-70-100 %. En mi comunidad yo estaba solamente hablando en lenguas a la gente y ellos no estaban recibiendo el mensaje. No estaba relacionado con su situación. Por eso comencé a escudriñar la Biblia a conciencia. Comprendí cuán maravillosamente se relacionaba Jesús con todas las personas cuando ministraba en esta tierra. Él era realista.

Continué predicando sobre la salvación, pero más que nada prediqué sobre la experiencia del Espíritu Santo, y sobre como el Espíritu Santo nos cura y resuelve nuestros problemas. Estas personas necesitadas eran tan temerosas y desdichadas, y yo quería enseñarles lo que significa entrar en el Reino de Dios por la genuina experiencia de conocer el Espíritu Santo.

Oraba por los enfermos y les enseñaba que la voluntad de Dios era que tuvieran tres comidas al día, que estuvieran vestidos adecuadamente y que vivieran en un lugar aseado. Insistí en que era la voluntad de Dios para ellos, que se levantaran y creyeran, aun cuando no pudieran ver ni oír ni tocar. Les dije que solamente tenían que creer.

«Ustedes no tienen muchas cosas materiales, pero pueden tener recursos espirituales. Cuando tengan esta clase de fe y la proclamen, levántense y caminen por fe. Entonces Dios les ayudará».

Con el tiempo la gente se animó. Comenzaron a sonreír y a creer y a buscar trabajo. Cuando no pudían encontrar trabajo, crearon su propio trabajo, y eso fue lo sorprendente. Estaban tan animados que crearon trabajos, desde la fabricación de ladrillos hasta la recolección de basura. Entonces comenzaron a experimentar gran prosperidad en esa pequeña comunidad. Hoy día me jacto y me jacto de esa gente porque en ese lugar tan golpeado por la pobreza levantaron suficiente dinero para comprar un terreno y construir un hermoso santuario. Ahora esa comunidad es una de las áreas residenciales más ricas de Seoul. Ya no hay barrios bajos allí.

Hoy en día, cuando predico domingo tras domingo me propongo llenar las necesidades de la gente, sentir las necesidades que tienen las personas. Primero, descubro la necesidad en el corazón de ellas. Mis antenas están siempre paradas. Escucho constantemente. Nosotros los ministros estamos entrenados para hablar mucho, en vez de escuchar, pero debemos entrenarnos para escuchar más. Yo escucho. Entonces, el mensaje que predico el domingo puede llenar esa necesidad. La gente puede decir: «Venimos a la iglesia Yoido del Evangelio Completo, y nuestros problemas se solucionan».

Cuando se les pregunta «¿Por qué pasan junto a las hermosas iglesias que hay en la ciudad y siguen de largo hasta llegar a Yoido Island? Allí ni siquiera les dan la bienvenida, pero en las iglesias más pequeñas el pastor está siempre en la puerta estrechando las manos y saludando a las personas. Cuando van a la iglesia Yoido ustedes están apretados como «carga». Ni siquiera pueden encontrar un lugar para estar de pie. ¿Por qué permanecen en un lugar así en el caluroso verano y en el frío invierno?» Entonces la mayoría de cristianos responden: «Nuestros problemas se resuelven y nuestras necesidades se llenan en esa iglesia. Eso es muy importante para nosotros».

Los líderes de nuestras células están muy alentados. Dicen: «Estamos conmovidos porque traemos pecadores a la iglesia y usted siempre les dirige y les guía bien. Esta es la razón por la que estamos contentos. Si usted no sería capaz de conservarlos nos sentiríamos desanimados de traer nuevos miembros a la iglesia. Por lo menos podemos ayudarle de esta manera, trayéndole nuevos miembros para que usted los conserve».

Eso es verdad. Si un pastor no puede conservar a los miembros nuevos que han sido llevados a la iglesia por los líderes de las células, estos líderes no se sentirían motivados nunca más.

Para que la iglesia crezca, el pastor necesita un mensaje. Pero la gente no me pregunta cómo predicar un buen mensaje, solamente me pregunta cómo organizar el sistema de células. El sistema de células es muy necesario, pero el mensaje debe ser el número uno. El sistema de células es como un buen restaurante y un personal bien entrenado, pero por encima de eso, se debe ofrecer buena comida.

De ahí que me he propuesto llenar las necesidades de la gente, trato de ayudarles a aumentar su fe, les doy mayores esperanzas y más amor. Todos necesitamos el mensaje de esperanza que Dios nos dio, y debemos hacer todo nuestro esfuerzo para predicar ese mensaje de esperanza a otros.

## El alimento espiritual del Monte Calvario

En los sermones semanales que predicaba a las personas de esa área de barrios bajos, los hacía sentirse miserables, los condenaba, y les decía cuán malas eran en vez animarlas.

Todos estaban de acuerdo con mis sermones, pero no había sanidad. Algo estaba mal con mis mensajes. Un día tuve una impactante revelación respecto al ministerio de Jesucristo: comprendí que él nunca condenó a nadie, ni siquiera a uno solo.

En Juan capítulo 4 hay una parábola sobre una mujer samaritana. Cuando Jesús encontró a la mujer samaritana, esta era una terrible pecadora. Había cambiado de esposo más de cinco veces y vivía con el sexto. ¡Era campeona en esto! Si yo hubiera estado allí la hubiera llamado de muchas maneras: «inmoral, impropia para el Reino de Dios, persona no grata para mi iglesia, etc.». Pero noté que Jesús nunca tocó su auto estima y su respeto propio. Tuvo mucho cuidado de no poner su dedo en su auto estima, solamente trató de decirle que necesitaba la eterna palabra de salvación. Cuando la verdad de la palabra eterna le fue revelada, Jesucristo llenó su necesidad. Fue cambiada completamente, instantáneamente. No quiso volver a ser la mala mujer que había sido. Ella sabía que era una mala mujer, pero no tenía el poder para cambiarse a sí misma, hasta que vino Jesús. Solamente Jesús por su gran poder pudo cambiarla.

Lean el relato de Juan 8 sobre una mujer que fue encontrada en adulterio. Jesucristo sabía que ella ya había sido condenada, humillada y destruida en su auto estima. ¿Por qué debía Él añadir la muerte final a su situación? Jesús nunca le mencionó cuán mala era ella. Las palabras que salieron de los labios de Jesús fueron: «Ni yo te condeno, vete y no peques más».

Cuando leí esos pasajes, mi corazón fue profundamente conmovido porque Jesús era tan comprensivo. Jesucristo no vino al mundo para condenar ni destruir, sino para dar «vida y vida en abundancia» (Juan 10.10).

Después de aprender esa lección, mi manera de enfocar los sermones a la gente cambió totalmente. La verdadera situación de mi congregación me fue revelada. Ellos estaban ya enfermos en su espíritu, en su alma y en su cuerpo.

Por supuesto, no digo que mis sermones no contengan el mensaje del arrepentimiento. Yo les digo firmemente que sin arrepentimiento no hay salvación. Les digo que la salvación solamente puede venir a través de Jesucristo y cuán peligroso es si no se arrepienten. Les digo que están peligrosamente enfermos en su espíritu, alma y cuerpo, según las Escrituras. Les muestro la verdadera situación de sus vidas sin Dios, pero luego voy al lado positivo del mensaje de que hay esperanza mediante la cruz de Jesucristo. Así que cuando mis sermones cambiaron, la gente comenzó a venir a mi iglesia.

El tema central de mi mensaje fue y todavía es 3 Juan 2: «Amado, yo deseo que tú seas prosperado en todas las cosas, y que tengas salud, así como prospera tu alma». Yo llamo a este pasaje la bendición triple.

Fui el primer pastor en Corea en predicar sobre la prosperidad, y mi mensaje fue dirigido a personas absolutamente pobres. Desde ese tiempo la gente comenzó a criticarme y a atacarme por los cuatro costados. Me criticaban diciendo que predicaba mi propia doctrina, y construía una imagen sicológica en los corazones de las personas. Pero yo era imperturbable a estos ataques. Yo amaba a Jesucristo y continué predicando para levantar mi congregación,

Como dije antes, por más de un año en que prediqué un mensaje condenatorio ninguna alma fue ganada para Jesucristo. Claro, ellos venían a la iglesia pero salían condenados, de manera que no podían hacer una decisión por Cristo. Pero cuando cambié mis sermones a un mensaje positivo, cuando cambié su comida, su dieta, desde ese tiempo (1959-1961) seiscientas personas fueron salvas. Se construyó un hermoso santuario que podía acomodar a 1000 personas antes de que yo dejara esa iglesia.

Por lo general, cuando la gente se siente condenada después de oír un sermón, el pastor piensa que su sermón hizo un tremendo impacto en ellos. Uno de mis compañeros de clase, el Rev. Suk, era un buen predicador, pero también creía que condenar a la gente era muy importante. Éramos buenos amigos.

Después de graduarnos de la Escuela Bíblica, se fue hacia el distrito Choonchun, y yo me quedé en Seoul. En un lapso de tres años yo tenía una iglesia pionera floreciente con 600 personas. Los fuegos del avivamiento ardían en mi iglesia, pero la iglesia del Rev. Suk estaba declinando. Él pastoreaba una iglesia establecida, y esta había sido una buena iglesia, pero su membresía estaba decreciendo ahora. Su gente estaba muy deprimida y no había ningún espíritu de avivamiento allí.

El Rev. Suk me invitó a ir a Choonchun y celebrar una reunión de avivamiento en su iglesia. La primera noche de avivamiento, cuando miré a la congregación, las personas parecían flores marchitas. Estaban sentadas allí con rostros melancólicos, listas para ser condenadas. Inmediatamente supe qué clase de mensaje habían estado recibiendo. La gente había perdido su auto estima.

Cuando les pedí orar comenzaron a llorar porque se sentían tan condenados. Por eso mi mensaje para ellos fue del amor de Jesucristo, del poder Jesucristo, de la bondad de Dios, de cómo Cristo murió por ellos en la cruz para redimirlos del pecado, para redimirlos de la tristeza y del temor al darles su Espíritu Santo, para redimirlos de las enfermedades y de las dolencias tanto del espíritu, del alma, como del cuerpo, para redimirlos de la maldición y del fracaso, para redimirlos del fuego eterno del infierno. Les prediqué mi evangelio completo de cinco puntos, sobre la gracia redentora de nuestro Señor Jesucristo.

Desde la primera reunión de oración de la mañana, durante todo el día de sesiones de enseñanza, y en los servicios evangelísticos de la noche, derramé este mensaje positivo para edificar la auto estima en esta congregación de condenados. Pronto la gente comenzó a florecer. Por mitad de la semana ya estaban riéndose y alabando al Señor y agradeciéndole. La gente había sido avivada.

Cuando terminó la reunión de avivamiento yo estaba delirante de gozo con el cambio que había tenido lugar en esta iglesia. Pero el Rev. Suk estaba delirante de tristeza. Me dijo: «Cho, me temo que está en el carril equivocado. Lamento haberle invitado a tener una reunión de avivamiento en mi iglesia. Todos estos años dirigí a mi gente para que se vean a sí mismos condenados delante de Dios. Nuestra gente era humilde, apesadumbrada, arrepentida, y ahora usted viene y les da una falsa doctrina. Usted les ha dicho cuán maravillosos son, cuán hermosos son ante el Señor. Todo esto es un engaño. Usted está edificando su iglesia sobre un fundamento erróneo. Ha echado a perder mi iglesia y mi ministerio».

Esa noche perdí el apetito. El Rev. Suk y yo discutimos toda la noche, con la Biblia abierta. Tuvimos en realidad una buena batalla teológica oral. Finalmente le dije: «Hermano Suk, su problema es que usted mantiene su púlpito sobre el monte Sinaí.

Hace dos mil años, Jesucristo quitó completamente su púlpito del monte Sinaí y lo puso sobre el monte Calvario desde donde las bendiciones del señor Jesucristo fluyen sin cesar para salvar, curar, y hacer a la gente triunfadora por su sufrimiento en la cruz. Usted está desacreditando el poder de la sangre de Jesucristo. Por medio de la sangre de Jesucristo, todos los pecados del pueblo son cubiertos. Él nos redime de las flaquezas, enfermedades, dolencias, condenación, fracaso, maldición, muerte e infierno eternos».

Al fin pude con todo éxito convencer al hermano Suk que yo tenía razón. Comenzó a llorar y dijo: «He estado equivocado. He engañado a mis ovejas». Se arrepintió de todo corazón y dijo: «Desde ahora, trasladaré mi púlpito del monte Sinaí al monte Calvario».

Cuando el Rev. Suk cambió la dieta de sus sermones, la gente comenzó a congregarse a su iglesia. Esta iglesia era una de las más pequeñas en el distrito Choonchun, pero él levantó una de las iglesias más grandes. La iglesia del Rev. Suk florecía y él llegó a ser uno de los principales evangelistas en Corea. Tuvo muchas invitaciones para predicar el evangelio de Jesucristo bajo una nueva luz.

El problema en el mundo es que los ministros están entrenados para desalentar a la gente. Les dicen a las personas cuán malas son, pero las personas ya saben que son malas, ya están condenadas en su corazón por su propia conciencia, ya están sufriendo por su autoestima y su amor propio destruidos.

¿Por qué deberíamos poner nuestro dedo en ese lugar adolorido y presionar hasta que griten de dolor? Simplemente necesitamos decirles que están en esa situación, pero luego enseguida debemos ayudarles a curarse de esa situación.

En mis sermones ahora, estoy determinado a no desanimar más a la gente. Tengo mucho cuidado de no poner mi dedo en ese reducto de la imagen propia y del amor propio. Todas las personas tienen su orgullo propio. Aun las prostitutas tienen amor propio. Cuando usted pone sus manos en el amor propio de alguien y lo daña, destruye a esa persona. Yo hago lo que puedo para edificarles en su propia imagen en el Señor Jesucristo.

Todos fuimos creados a la imagen de Dios. Somos los hijos amados de Dios. Aun cuando la gente caiga de la gracia, todavía retiene mucho de la imagen de Dios. Deben ser respetados. Jesucristo respetó a la mujer samaritana, y aun a la mujer que fue encontrada en pecado de prostitución. ¿Quiénes somos nosotros para condenar a alguien?

Muchos hogares de Corea están destruidos. Yo doy mucha consejería. La mayor causa común que produce el rompimiento del hogar está en las relaciones entre marido y mujer. Ellos se destruyen el uno al otro.

He vivido con mi esposa por treinta años. Durante más de diez años fuimos «peleadores campeones». ¡Qué tiempo aquel!

Muchas veces me preguntaba: «¿Es este un buen matrimonio? Si volviera a nacer en este mundo viviría solo».

Cuando le pregunté a mi esposa sobre su opinión al respecto, ella también dijo la misma cosa.

Había tratado de tomar a mi esposa y conformarla a mi propia imagen. No reconocía que ella era también creación de Dios. Me tomó diez años reconocer que aun una mujer tiene personalidad. Había tratado de forzar a mi esposa a ser mi imagen ideal. Cuando se resistió traté de destruir su amor propio y su autoimagen, humillándola.

Siempre le decía cuán mala era, cuán mala esposa era para mí, y qué fracaso era ella. Por supuesto, estaba tratando de hacer mayor daño a su debilidad pero en vez de someterse, ella estallaba en rebeldía contra mí. Entonces también me rebajaba y ponía su dedo sobre mis puntos débiles. De esa manera la imagen que tenía de mí mismo era herida.

Después de pelear por más de diez años de esta manera, decidí corregir mi actitud. Durante todos esos años que reñía con mi esposa en el hogar, nunca prediqué en mi iglesia sobre un «hogar feliz». De esa manera demostraba que no era feliz en el hogar.

Tomé la decisión de descubrir la voluntad de Dios respecto a mi matrimonio y mi familia.

Entonces Dios me reveló toda la verdad.

Dios me dijo: «Hijo mío, ¿no sabes que cada persona tiene su imagen propia y su amor propio? Ese es un fuerte reducto. Si tratas de destruir ese reducto, entonces esa persona morirá. Has estado tocando el último reducto de tu esposa: su amor propio. Yo le he dado una imagen de sí misma y una personalidad. Si continúas tratando de derribar esa imagen de sí misma, diciéndole cuán mala es, nunca llegará a ser una esposa cariñosa. Debes cambiar tu actitud, debes aceptarla tal como es, y debes edificarla. Levántala hasta un nivel saludable. Alábala, ámala y respétala. Anímala. Entonces ella se levantará y cooperará contigo, incluso cambiará su actitud. Tú también puedes cambiar tu actitud».

Me arrepentí de todo corazón. Y fui a mi esposa y le dije: «Querida, hemos estado peleando por diez años. Ahora yo quiero que nuestro hogar se enderece. Todo esto ha sido por mi culpa. Eres una mujer maravillosa. Eres una mujer hermosa. Sabía eso en mi corazón, pero utilicé el método equivocado.

»Quería que llegaras a ser aún una mejor mujer. Esa era la razón por la que trataba de mostrarte cuán mala eras a veces. Todo eso fue una equivocación. Eres una persona mucho mejor que yo en muchos aspectos. Eres más sabia, más inteligente, tienes más educación de la que yo tengo, así que te amo y te respeto. De ahora en adelante, verás una actitud cambiada en mí».

Anteriormente, cuando discutíamos, ella me decía: «Empaca todo y vete al púlpito y vive. Tú tienes una personalidad dual. Eres un ángel en el púlpito, pero cuando regresas al hogar eres casi como el diablo».

Desde ese día tomé la determinación de no destruirla y exponer sus puntos débiles diciéndole cuán mala era. En vez de eso, la alababa.

Cuando lo hice así, cambió por sí misma. Un sentimiento floreció en su corazón como una flor. Confesó y admitió que también tenía sus faltas y me pidió que orara por ella. ¡Qué esposa tan amante ha llegado a ser, y qué esposo tan amante he llegado a ser desde entonces! Hemos sido de gran ayuda el uno al otro.

Aunque soy un ministro, todavía necesito ser elogiado. Todos los seres humanos necesitan ser elogiados hasta cierto grado. Algunos dicen que si una persona es elogiada se vuelve arrogante. Si usted es elogiado demasiado hay siempre ese peligro, pero es importante saber que no podemos vivir normalmente sin ninguna clase de elogio y estímulo.

Por supuesto, mi congregación nunca critica mis sermones porque me aman y me respetan. Les gusta decir cosas bonitas de mí. En realidad, sé que algunos de ellos me alaban aun cuando no quisieran alabarme, así como la goma de mascar que usted puede mascarla y arrojarla, pero si alguna vez se la traga esta se le pegará en su estómago.

Pero yo necesito un genuino elogio de mi esposa, un elogio que edifique mi autoimagen. Muchas esposas de ministros son muy mezquinas en cuanto a esto. Durante más de diez años, desde que me casé, mi esposa nunca elogió mis sermones. Cada domingo, después del servicio, la seguía por toda la casa, por la sala, por la cocina, por el dormitorio, tratando de decirle: «Siento un vacío en mi corazón».

Después de derramar mi corazón en un sermón, a veces me siento vacío y necesito de algún apoyo y de algún elogio. Yo esperaba recibir ese elogio porque tenía una necesidad en mi corazón que podía ser llenado por mi esposa, así que la seguía por todas partes.

«¿Por qué me sigues por toda la casa?» me preguntaba mi esposa.

«Querida, necesito tu elogio porque después de entregar el mensaje me siento tan vacío y exhausto que necesito alguna ayuda de ti. ¿Por qué no me elogias?», repliqué.

«¡Elogiarte! ¡Tú ya estás siendo elogiado por mucha gente! Si añadiera mi elogio te volverías arrogante e insoportable. ¿No sabes que Satanás cayó debido a su arrogancia? Esa es una señal segura de peligro».

«Tengo una necesidad definida de tu elogio. Necesito tu elogio, elogio genuino de ti. Los elogios de otras personas son lindos, pero son un simple servicio de labios. Necesito genuinos elogios ... tuyos. Por favor, elógiame, lo necesito, te lo ruego».

«Muy bien, muy bien. Si eso significa tanto para ti lo haré».

Así que de tiempo en tiempo, comenzó a elogiar mis sermones y a decirme cuán grandemente bendecida era con mis sermones. Sabía que estaba recibiendo esos elogios solamente porque se los había pedido, pero el disfrute de los elogios no disminuyó nada por esta causa, al contrario, estaba siendo edificado y mi necesidad estaba siendo llenada. Estaba listo, entonces, para predicar aun mejores sermones.

Muchas personas me llaman «Campeón de la fe». De acuerdo con eso, piensan que no necesito estímulos. Están equivocados. Necesito estímulos. Cuando mi esposa se dio cuenta de esto, alzó su voz para elogiarme haciendo posible que obtuviera fuerza de ella.

Animo a todas las esposas de ministros a dar genuinos elogios a sus esposos. Ellos se sentirán grandemente estimulados y llegarán a ser positivos. Pero si son rebajados en vez de estimulados, sus sermones perderán fuerza.

«Me quedé dormido mientras predicaba, y también muchas personas a mi alrededor estaban durmiendo. Era un tormento tratar de mantenerse despierto. ¿No puede preparar mejores sermones?» Tales comentarios destruirán a su pastor completamente. La imagen propia es el último reducto.

Alabo a Dios por el Dr. Schuller porque Dios le ha dado la habilidad única de enseñar a su congregación la importancia de la autoestima y el amor propio. Dios me dio la misma revelación pero no el ministerio para promoverlo por todo el mundo.

El amor propio es el reducto final de su corazón. Muchos hogares se rompen porque no están dando atención a este reducto final de sus esposos y esposas; sino que en vez de eso destruyen el amor propio o la autoestima de sus esposos o esposas.

Sucede lo mismo en sus ministerios. La gente viene a su iglesia. Están heridos, quebrantados, enfermos y sufren de falta de auto estima. Desde el púlpito usted debe llevarles curación con el tierno amor de Jesucristo, ungirlos, curarlos. Entonces se sentirán ligados a su iglesia y asistirán regularmente.

Una vez, cuando apliqué ese principio durante una difícil etapa de mis días pioneros, la iglesia comenzó a crecer. Todas las personas pobres de los barrios bajos comenzaron a invadir mi iglesia y aprendieron a sonreír. Les edifiqué, les di amor propio. Muchos dejaron de beber y de jugar, en vez de eso actuaron como las personas buenas que comenzaron a ver en sí mismas.

Toda el área de los barrios bajos fue cambiada. Fue limpiada por la predicación de mensajes positivos. Pero anteriormente, cuando predicaba sobre cuán indignos eran, ¡actuaban aun peor para probarme eso! Aun en la crianza de los niños, si usted les dice a sus hijos constantemente cuán malos son, ellos le probarán eso causándole más problemas.

«Está bien, soy un pillo, soy un mal hijo, soy una mala chica». Una vez que ellos aceptan esta imagen, harán un esfuerzo especial para darle forma completamente.

No piensen jamás que las personas actúan en contra de la imagen que se han forjado de sí mismas. Actuarán de acuerdo a esa imagen invisible. Igualmente, los hijos conformarán la imagen que tienen de sí mismos.

Si los padres les dicen: «Eres un mal muchacho, nunca serás nada en la sociedad, estoy terriblemente desilusionado de ti», el hijo dirá: «Sí, te probaré que tienes razón. Yo soy esa clase de persona».

La mayoría de las personas no comprenden esta dinámica sicológica, por eso fracasan en la formación de sus hijos. Fallan en el amor. De manera similar, aun los ministros fracasan en su ministerio porque destruyen la imagen propia de la congregación.

Sobre todas las cosas, los pastores deben animar a sus congregaciones a través de sus sermones. Para animarles, yo les digo siempre cuán importante es cada uno de ellos, y cuánto los aman Dios y Cristo.

«Todos ustedes han sido perdonados, hechos justos, y llenados con el Espíritu Santo. Sus espíritus tanto como sus cuerpos son ahora buenos por el poder de Dios. Han sido separados de este mundo y libertados del fracaso y de la maldición. Han sido librados del sufrimiento del infierno. En Cristo, todos ustedes son nuevas criaturas. ¡Mírense! Han nacido en este mundo para triunfar».

Digan a sus congregaciones estas palabras en todo momento, anímenles. Déjenles que se miren y que vean cuánto Dios les ama.

## El alimento espiritual que produce visiones y sueños

Una vez leí un hermoso poema sobre dos veleros en el mar. Era un poema muy interesante. Un bote estaba navegando hacia el este y el otro estaba navegando hacia el oeste. Los dos botes estaban en el mismo mar y eran soplados por el mismo viento, pero ¿por qué iban en diferentes direcciones? La razón simple era porque la vela en cada uno de los dos botes tenía diferentes ángulos. De una manera similar, si triunfamos o fracasamos, la dirección de nuestras vidas depende de cómo decidamos aceptar los sueños y las visiones. Es muy importante que tenga sueños y visiones en su corazón. Siempre insisto en la congregación para que abandonen sus pensamientos pesimistas y negativos y tengan sueños y visiones positivos en Cristo.

Una vez tuve una tremenda revelación de parte del Señor. Fui invitado para ir a Tokio para tener una gran campaña, pero estaba sumamente cansado después del servicio del domingo. El lunes estaba listo para tomar uno de los primeros vuelos, pero le dije a mi esposa: «Voy a cambiar para el vuelo de la tarde. Quiero echar una siesta primero», y me metí en la cama.

Durante casi dos horas tuve un sueño que se repitió una y otra vez. Estaba frente a una gran multitud de japoneses. Había un gran pizarrón al lado mío. Con la tiza en mi mano escribía una oración en japonés, una y otra vez por más de una hora. La escribía, la borraba, luego la escribía de nuevo y la volvía a borrar.

Cuando desperté de mi sueño, la revelación centelleaba en mi mente. Escribía la oración en el idioma japonés y significaba: «Tus visiones y tus sueños son los vasos por medio de los cuales cumplo los deseos de tu corazón».

Sus visiones y sus sueños son los vasos a través de los cuales Dios cumple. Dios nunca llegará a usted para obrar en sus asuntos a no ser por medio de sus visiones y sus sueños, es decir por medio de su fe.

Un día, una querida señora vino a mi oficina. Tenía su espíritu destrozado. Lloraba.

«Oh pastor, estoy perdiendo a mi familia. Tengo varios hijos pero solamente una hija. Mi hija está fuera de control, es una hippy. Abandonó la escuela y se ha conseguido amigos promiscuamente. Ahora está durmiendo con los amigos de mi hijo y hasta con los amigos de mi esposo. Es una vergüenza para la familia. He orado y he orado pero no recibo respuesta. He orado que Dios le mande la muerte. Mi esposo está tan avergonzado que quiere abandonar el hogar. El diablo ha hecho todo esto y Dios no hace nada ante la situación».

Le dije: «Hermana, Dios ha oído sus oraciones, pero él esperará hasta que usted tenga la actitud correcta. Dios está respondiendo a sus oraciones de acuerdo a su visión y a su sueño en cuanto a su hija. Usted ha presentado delante de Dios una imagen destruida de su hija. Usted la ve como una prostituta, una hija pródiga, indigna, una muchacha sucia. Usted ora a Dios con esa imagen de su hija en su corazón y en su mente. Entonces Dios no responde a sus oraciones. Su visión y sueño que tiene de ella es el vaso. Eso es muy importante.

«Hermana, ha hecho bien al orar, pero usted tiene las visiones y los sueños equivocados. Usted no tiene la clase correcta de vaso y Dios no puede verter su respuesta en ese vaso».

Pensó un buen rato y me preguntó:

«¿Qué clase de imagen debo tener?»

«No mire a su hija con ojos de desaprobación. Ponga a su hija detrás de la cruz de Jesucristo. Mírela a través de la sangre de Cristo. ¿Puede verla perdonada por la sangre de Cristo, santificada y llena por el Espíritu Santo, mediante la sangre de Jesucristo?»

«Sí», replicó.

«¿Puede verla siendo una hermosa muchacha?»

«Sí», replicó otra vez.

«¿Puede verla llegando a ser una maravillosa esposa y madre por la sangre de Jesucristo?»

«Sí».

«Las Escrituras, en Romanos 4.17, dicen que Dios *"llama las cosas que no son como si fuesen"*. Dios está más allá del tiempo y del espacio. Si deseamos que Dios nos hable y conteste nuestras oraciones, debemos hablar el lenguaje del Espíritu Santo que es tener sueños y visiones. Como seres humanos, somos limitados. No podemos salirnos de la limitación de tiempo y espacio. Sin embargo, cuando usted tiene sueños y visiones, usted habla el lenguaje del Espíritu Santo. Tenga el vaso listo, y Dios premiará su fe.

»Desde ahora, imaginemos a su hija de una nueva manera. Solamente cuando usted la ponga detrás de la cruz de Cristo es esto posible. Jesucristo cubrió nuestros pecados y pagó el precio, de manera que usted tiene todo el derecho de dibujar una nueva imagen de su hija por medio de la sangre de Jesucristo».

Nos arrodillamos y oramos y ella comenzó desde ese momento a tener la visión de una nueva imagen de su hija.

«Oh Dios, te alabamos porque vemos un tremendo potencial en esta muchacha. Ella ha sido perdonada por tu sangre, santificada y llenada con el Espíritu Santo, curada y liberada.

»La vemos como una hermosa y maravillosa muchacha. Ella puede llegar a ser una maravillosa esposa para un maravilloso hombre, y puede llegar a ser una hermosa madre. La amamos y la vemos como tal mujer. El diablo quiere matarla y destruirla, pero ella es cambiada por la sangre de Jesucristo. Te alabamos por esta muchacha y la reclamamos para ti».

Entonces pedí a esta mujer unir su fe con la mía para hacernos una visión de esa imagen, constantemente.

Pasaron varios meses. Un día, una hermosa muchacha conducida por esta mujer vino a mi oficina. Ambas estaban radiantes de gozo. Entonces la madre me contó lo que había sucedido en los meses pasados.

«Pastor, alabo a Dios. Él nos ha bendecido ricamente».

Recordé cómo esta mujer había estado tan deprimida la última vez que vino. «Usted estaba tan deprimida la última vez que la vi. ¿Qué pasó?»

Ella continuó: «Dios está bendiciéndonos a todos. Está bendiciendo cada rincón de mi casa. Mi esposo es salvo, todos mis hijos son salvos».

«¿Y qué pasó con su hija?», le pregunté.

«Esta es mi hija».

Una hermosa muchacha estaba frente a mí. Su cara estaba radiante con el amor de Jesucristo. Su madre le dijo: «Saluda a nuestro pastor. Cuéntale tu historia».

La muchacha se sentó y abrió su corazón.

«Era una mala muchacha antes. Era muy rebelde. Me propuse dormir con los amigos de mi padre y de mis hermanos para atormentar a mis padres. Estaba dispuesta a destruirlos. Una noche dormía en un motel con un hombre, y de pronto, muy temprano en la mañana, me sentí mal en mi corazón. Repentinamente me di cuenta que era una mujer detestable. Me sentía enferma del alma.

»Quise dejar esa vida pero necesitaba ayuda. Necesitaba una mano cariñosa, necesitaba a mi familia, necesitaba el amor de mi padre, mi madre y mis hermanos. Pero sabía que ellos solamente me rechazarían, dirían cosas feas contra mí y me escupirían en la cara. Como último recurso decidí suicidarme, pero antes de hacerlo quise visitar primero a mi familia.

»A primera hora tomé un taxi y me dirigí a mi casa. En mi mente tenía el presentimiento doloroso de que sería echada afuera otra vez. Estaba segura de que mi padre y mi madre me rechazarían.

»Cuando toqué a la puerta, el corazón me latía rápidamente y estaba sudando profusamente. Se abrió la puerta y vi a mi madre. Ella lanzó un gemido y extendió sus brazos para abrazarme, diciendo: "Bienvenida a casa mi niña. Te queremos mucho. Qué hermosa eres. Sabíamos que regresarías a casa".

»¡No pude creer sus palabras o lo que estaba pasando! Antes, ella siempre me había dicho cuán mala era yo, así que esperaba oírle esas mismas palabras.

»Mi padre y mis hermanos estaban cambiados también. Ellos también me querían. Se comportaron como si nada hubiera pasado. Yo sabía que había sido una chica mala y estaba atormentada en mi alma, pero su amor bondadoso y tierno me tocaron y curaron mi corazón. En ese momento me propuse ser una nueva persona.

»Pedí a mi madre que me ayudara. Ella me llevó a la iglesia. Oí el evangelio. Tenía miedo de ir a la iglesia porque pensé que me llamarían la atención públicamente y me condenarían. Cada vez que iba a la iglesia sentía que usted me estaba mirando, pero ahora, cuando escuché que me estaba edificando y ayudando, y curando, me arrepentí y recibí a Jesucristo y al Espíritu Santo en mi corazón. Ahora me regocijo en el Señor. Cuando miro hacia atrás, a mi vida pasada, no puedo creer cómo pude haber vivido en tal infierno. ¡Ahora estoy cambiada!»

Estaba llorando de emoción, y su madre no cabía en sí de gozo.

Ahora es esposa de un hombre de negocios muy próspero. Tiene dos hermosas hijas y un hijo. Es una excelente líder de una célula en mi iglesia. Pero si su familia y yo la hubiéramos condenado cuando regresó a casa, hubiera estado completamente perdida en este mundo.

Una vez un hombre vino a mi iglesia después de haber fracasado miserablemente en sus negocios. Había tenido una compañía manufacturera de vestidos, pero habiendo llegado a tener una deuda de más de tres millones de dólares, su compañía cayó en bancarrota. Cerró su negocio e intentó suicidarse tres veces, fallando en cada una de ellas.

Trató de guiar su carro por el carril de los buses o de estrellar su carro contra otro bus, pero siempre los buses se ponían fuera de su camino. Cuando pasaba por encima de un puente, pedía: «Oh Dios, haz que el puente se caiga».

Cuando sufría bajo semejante tormento sicológico, un amigo suyo lo llevó a mi iglesia.

Camino de la iglesia, le dijo a su amigo: «Todos los pastores son pillos. Todos engañan, y lo único que quieren de nosotros es el dinero. Tu pastor es un hombre despiadado e insensible, por eso ha podido construir una iglesia tan grande. Yo le desenmascararé y mostraré al mundo qué clase de fraude es el pastor Cho».

Se sentó al frente y escuchó con atención cada palabra que yo decía, esperando pescarme en alguna equivocación que pudiera señalar y que sirviera para acusarme. Sin embargo, mientras escuchaba con toda atención, el Espíritu Santo le llenó. Entendió la verdad que era Jesucristo.

El sermón de ese día era sobre cómo los hijos de Dios podían encontrar la victoria a través de visiones y sueños. Ese mensaje en particular era el mensaje que había necesitado tanto escuchar. Abandonó su deseo de morirse, pero al encontrar una felicidad tan grande en Dios, no sabía qué hacer. Fue completamente transformado. Lloró y lloró arrepintiéndose de su vida pasada.

Cuando nos desesperamos y pensamos que nuestras vidas han llegado a un miserable fin, Dios nos hace nuevos dándonos un nuevo comienzo.

Animo a los pastores a plantar las semillas de los sueños y visiones, semillas de esperanza, en su congregaciones.

## El alimento espiritual que planta semillas de éxito

Vivimos bajo la cruz de Jesucristo. Nuestro púlpito está en el monte Calvario. No solamente trato de animar a nuestra gente, sino que estoy determinado a hacerle gente de éxito. No ceso de asegurarles que están curados o animados, sino que trato de encontrar los principios del éxito en la Biblia, para aplicarlos a mi propia vida y a la vida de la congregación. ¡La Biblia no carece de principios de éxito!

Pruebo estos principios en mi vida personal, luego con toda firmeza les enseño a ellos y trato de hacer que tengan éxito en su vida personal en el hogar, en la crianza de sus hijos, y en su vida política y de negocios.

De esa manera, Dios me ha ayudado grandemente. Cuando predicaba el mensaje de esperanza y positivismo, Dios me dio una congregación de 18.000, en mi segunda iglesia en el área de Soe-dae-mun. En 1973 nos trasladamos a Yoido, y a través de mis sermones de positivismo, Dios me ha dado una congregación de 700.000.

Muchos miembros de mi iglesia esperan en largas filas fuera del templo, aun en el frío del invierno, para asistir a los servicios. La razón para esto es porque se sienten bendecidos y animados por Dios a través de mis sermones.

Dios no solamente me ha usado para ayudar a mi propia congregación, sino también para ayudar a gente en toda Corea a través de transmisiones de radio y televisión. Tengo la audiencia más grande de radio y televisión.

Muchas veces las estaciones de radio han tratado de borrar mis programas por no estar de acuerdo con mi mensaje. Pero todavía mantienen mis programas en el aire. ¿Por qué? Porque necesitan oyentes.

Una estación de televisión tuvo problemas con ciertas organizaciones religiosas que presionaban para que descontinuaran cualquier programa que estuviera conectado con cualquier iglesia o grupo religioso específico. Como resultado, dejaron de transmitir mis sermones por su canal. Realmente, el programa que presentamos a la estación para que se trasmitiera se dirigía a todo el pueblo de Corea, y trataba de cuáles eran nuestras responsabilidades como ciudadanos de Corea. Cuando el hombre trata de bloquear la Palabra de Dios, él utiliza recursos inimaginables para cumplir su voluntad. Cristo nos ha ordenado predicar su evangelio hasta los confines de la tierra. Esta es su voluntad y se cumplirá no importa cuánto el hombre se esfuerce por oponerse a ella.

Vine a Seúl de Pusan, Corea. En una ocasión estaba muriéndome de tuberculosis terminal. Era durante la guerra de Corea. No recibí una educación adecuada porque había abandonado la escuela secundaria. A pesar de que era absolutamente pobre y estaba enfermo, entré a la Escuela Bíblica de las Asambleas de Dios.

Recibí el evangelio y una revelación del Espíritu Santo, y comencé a entender el mensaje positivo de Jesucristo. Ahora, treinta y siete años más tarde, la Iglesia del Evangelio Completo de Yoido es la más grande del mundo, y activamente testifico del evangelio en muchas partes de este mundo. Tengo salud, una educación completa (desde aquella ocasión he seguido educándome continuamente), tengo buenos ingresos, una hermosa esposa (aunque pasé diez años riñendo con ella), hermosos hijos, una iglesia floreciente y una creciente influencia en Corea, Japón, Estados Unidos, y aun en el mundo comunista.

Cada semana leo muchos artículos relacionados con la fe. Dondequiera que voy llevo un pequeño cuaderno con palabras en inglés o japonés y las aprendo de memoria. Ahora puedo predicar tanto en inglés como en japonés, y conversar en alemán y francés. Cuando miro hacia atrás, a veces me parece que todo esto es un sueño. No puedo agradecer lo suficiente a Dios por bendecir mi vida de tan gran manera.

## La bendición de la salud

Usualmente juego mucho golf. Hay una razón por la que disfruto mucho del golf.

Cuando me hacía un chequeo médico en el Japón, el doctor, con una expresión de incredulidad en su cara, me dijo: «Usted es un milagro. ¿Usted estaba alguna vez muriéndose con tuberculosis, verdad?»

«Sí», le dije con calma.

«¿Cómo se curó?»

«Por medio de Jesucristo», le contesté.

«Oh, no sé nada de eso, pero puedo ver que su pulmón está pegado a las costillas. Eso deja un espacio muy pequeño para el corazón. Su corazón bombea la sangre dos o tres veces más rápido que las personas normales. Su corazón está muy bien, pero debido a su tuberculosis terminal, la cavidad de su corazón se ha hecho más pequeña. Como resultado, se está depositando colesterol en sus vasos sanguíneos. ¿Hace usted ejercicio?»

«No tengo tiempo. Soy una persona muy ocupada. Me siento culpable cuando me dedico a hacer ejercicio».

Me miró a los ojos y me dijo: «¡Se siente culpable! Si no hace ejercicio, va a acortar su vida en más de diez años. Sin embargo, si comienza a hacer ejercicio desde ahora, alargará su vida en diez años. ¡Cuánto servicio puede brindar a la humanidad, añadiendo diez años o más a su vida! Toda persona de 40 años o más debe hacer ejercicio en forma regular. No tome mis palabras ligeramente. Tome su condición física muy en serio. Pero recuerde: ¡no trote!»

En realidad, durante una cruzada en Francia, casi me muero cuando trotaba. Estaba corriendo muy rápido una mañana muy temprano, cuando repentinamente me encontré que yacía de espaldas sobre la calle jadeante y sin aliento tratando desesperadamente de conseguir un poco de aire para respirar.

Ese día oré así: «¡Dios, si me sacas vivo de esta situación, nunca volveré a correr!»

Me arrastré de regreso a mi hotel, y en mi imaginación vi a mi esposa y a mis hijos. Lloré porque pensé que iba a morir solo, lejos de mi hogar, pero por la misericordia de Dios, sobreviví. Y, por supuesto, dejé de correr desde ese día en adelante.

El médico japonés me dijo: «Usted nunca debe correr. Su corazón nunca puede cumplir el pesado trabajo que requiere hacer cuando trota. Juegue golf. En el campo de golf usted puede caminar tranquilamente».

«Pero el golf toma mucho tiempo», le dije.

«¡Nuevamente el tiempo! Jugando golf usted puede añadir 10 años más a su vida!», casi gritó.

Finalmente me rendí. Ahora, no tengo sentimientos de culpa en mi corazón cuando juego golf.

## La bendición de la riqueza material

«Arrepentíos porque el Reino de los Cielos se ha acercado». En vez de esperar que vayamos al cielo, Jesucristo vino para traernos el cielo a nosotros. Los que disfrutamos completamente del cielo en la tierra, disfrutaremos completamente del cielo eterno.

Debemos aprender cómo arrepentirnos. Arrepentirnos no es solamente admitir nuestros pecados pasados y renunciar a ellos. El arrepentimiento tiene un profundo significado. Es cambiar nuestro pensamiento, nuestras emociones, y tener la actitud correcta.

Nosotros, como pastores, debemos ayudar a nuestra gente a que antes de esperar simplemente ir al cielo, puedan disfrutar de una parte del cielo mientras viven en este mundo. Cuando usted tiene éxito y es feliz, puede hacer que otras personas tengan éxito y sean felices. En estos últimos días, antes del regreso de Jesucristo, necesitamos gente de éxito.

Mire a los pecadores. Ellos tienen dinero y comodidades. Usan televisión satélite y radio, y novedosos instrumentos técnicos para promover su producto.

¿Qué están haciendo los cristianos? ¿Vamos a hacer como los patos que se quedan sentados, demasiado gordos para volar al sur en el invierno? ¿Hemos llegado a estar demasiado satisfechos con las bendiciones que Dios nos ha dado, que nos ponemos egoístamente contentos?

Dios hizo todas las riquezas de este mundo para que las usemos para la gloria de Dios. ¿Por qué tenemos que enseñar a nuestra gente que la pobreza es una virtud, y que el fracaso es la verdadera señal de que somos cristianos espirituales?

Cuando yo era un cristiano nominal, un laico cristiano, mi ministro, trató de meter en mi mente que para ser espiritual debía ser pobre, y que lo más virtuoso era ser un fracasado. Yo miraba a los cristianos que usaban camisas sucias, vestidos deteriorados y vivían en casas sucias, y decía: «¡Qué espirituales son!»

Más tarde descubrí que eso no era ser espiritual. Si acepta la pobreza porque Dios lo ha llamado específicamente a renunciar a la riqueza e ir a un país del tercer mundo para ser su testigo, por supuesto su pobreza tiene una razón. Pero para muchos, el hecho de ser pobres les convierte en una carga para sus familias, para la sociedad y para la nación. Cuando es pobre, no puede proveer educación ni alimento para su familia. ¡Esto es una vergüenza! Dios quiere que todos los cristianos tengan éxito en su espíritu, en su alma y en su cuerpo, y en sus vidas, de manera que tengan algo que compartir con otros.

El éxito de nuestra iglesia nos ha permitido sostener a 300 ministros que están pastoreando en aldeas de pescadores y agricultores; sostenemos a más de 100 capellanes que están ministrando entre los soldados coreanos. Proveemos millones de dólares para estaciones cristianas de radio y televisión en Corea.

Además ayudamos a los niños desamparados que necesitan operaciones del corazón para salvarse. Estos niños nacidos con corazones deformes, tienen una sentencia de muerte colgando sobre sus cabezas. El costo para una operación que corrija esta deformidad, cuesta decenas de miles de dólares. Nuestra iglesia paga el costo de una operación para diez niños, cada mes. Si fuéramos pobres no podríamos ayudar a esta gente necesitada. Pero somos bendecidos.

Aun nuestros hermanos cristianos de toda Corea acuden a nosotros cuando planeamos una actividad especial. Cuando Billy Graham planea una cruzada, o cuando los hermanos cristianos planean la celebración del centenario, vienen a mí para discutir las posibilidades financieras. Para la reunión del centenario, nuestra iglesia suplió la mayor parte del dinero necesario. Aunque las iglesias coreanas tienen muchas brechas denominacionales, nuestra iglesia quiere apoyar a cualquiera y a todos los ministerios que estén en el propósito de la voluntad de Dios, y para todo aquello que una a todos los grupos y denominaciones.

A través de mi ministerio muchas veces he tenido que sobreponerme a las críticas y a los rumores negativos respecto a mí y a la iglesia, para no olvidar mi deber de evangelizar Corea tanto como al mundo. Mientras más críticas enfrento, más oro y pido a mi congregación que ore por mí. Entonces encuentro bendición en ser criticado por otros. Mientras más fervientemente oro a Dios, nuestra iglesia más crece. Sea cual fuere la situación que encaremos, tenemos que aprender a reunirnos para dar gracias y alabar a Dios.

Hago un gran esfuerzo para preparar el alimento espiritual adecuado para la congregación. Actualmente devoro todos los mensajes del Dr. Schuller. Aunque no estoy de acuerdo con algunas de sus enseñanzas, estoy de acuerdo con la mayoría de sus escritos. Él ha agudizado mi mente.

La Biblia dice en Proverbios 27.17: *Hierro con hierro se aguza*. De manera que leo muchos libros escritos por el Dr. Schuller, Pat Robertson, Billy Graham, Oral Roberts, Dr. Criswell, etc. Solamente leo los libros que han sido escritos por personas de éxito bien conocidas, y sus escritos me han ayudado grandemente.

Hoy en día, la Iglesia del Evangelio Completo Yoido es la prueba del trabajo del Espíritu Santo. Cuando oramos para afirmar la voluntad del Espíritu Santo, y al mismo tiempo para agradecer por los que han triunfado en sus vidas y en sus ministerios, alcanzamos un gran entendimiento en nuestras vidas.

Hasta aquí, he hablado de la manera de entregar el mensaje de Dios a los cristianos.

A través de este mensaje, cualquier cristiano puede triunfar. Todos tenemos primero que experimentarlo personalmente, y aplicarlo a nuestras vidas.

Lo más importante en el crecimiento de una iglesia tiene que ver con cuán bien usted provee el alimento espiritual necesario para su congregación. Sobre el fundamento de este alimento, la iglesia puede llegar a ser grande, teniendo metas grandes, organización y miembros.

Aquellos que hemos sido llamados a ministrar tenemos que cumplir nuestro llamamiento y llegar a ser grandes predicadores. Usted puede llegar a ser un buen predicador, aun cuando no pueda llegar a ser un elocuente orador.

# Capítulo 3

# El mensaje para el crecimiento de la Iglesia: La bendición quíntuple

*P*redicar el mensaje correcto es importante para el crecimiento de la iglesia. El mensaje es alimento espiritual. Si usted no provee ese alimento espiritual, no puede esperar que las personas vengan a su iglesia. Predicar el evangelio de Jesucristo es la principal función de todos los pastores. Muchos ministros creen que entienden cómo predicar este mensaje, pero en realidad están equivocados pues son muy pobres al tratar con la «Palabra de Dios».

Supongamos que usted es un médico y un paciente viene a su consultorio. ¿Qué haría? ¿Le recetaría una medicina enseguida? No. Nunca haría eso. Primeramente buscaría cuidadosamente la causa de la enfermedad. Luego entonces, cuando la encontrara, recetaría la medicina apropiada. De manera que si ese médico no puede encontrar la causa de la enfermedad, no es muy competente que digamos.

Sucede lo mismo en el ministerio. Usted primeramente debe hacer un diagnóstico de la verdadera situación de los que vienen a su iglesia.

## La total desesperanza del hombre

¿Qué piensa de la gente que viene a su iglesia o de los que viven cerca de usted? En realidad, todos ellos son hombres y mujeres sin esperanza que viven en este despreciable mundo. Todos se engañan al pensar que están muy bien solamente porque provienen de una familia rica, o porque recibieron una buena educación, o porque pertenecen a una familia tradicional.

Sin embargo, la verdadera existencia del hombre es una «completa maldición». El hombre que ha perdido la comunicación con Dios por su pecado contra Él, no puede hallar esperanza en ninguna parte fuera de Dios. Dios creó la tierra y el mundo, y creó al hombre el último día, entregándole el Jardín del Edén. En obediencia al Creador, Adán y Eva vivían felizmente en ese jardín, glorificándole siempre.

Dios les dio permiso a Adán y Eva para que comieran cualquier fruto del jardín, todos, menos el fruto del Árbol del Conocimiento del Bien y del Mal. Les advirtió que el día en que comieran de este fruto morirían (Génesis 2.17). Dios les dio esa orden porque solamente Él tiene la autoridad para decidir lo que es bueno y lo que es malo.

Dios es el único que puede hacer una decisión entre el bien y el mal. Solamente Él tiene el poder para hacerlo porque Él es soberano, Él es el Señor de todo. Sin embargo, Satanás tentó a Adán y Eva para que pensaran que podrían ser como el Dios soberano, si comían del fruto prohibido. Dios quiso probar la obediencia de Adán y Eva.

Por supuesto, Dios nunca permitiría que sucediera tal cosa. No permitiría que otros desafiaran su soberanía. Sin embargo, Dios dio a Adán y Eva la libertad de escoger. Una vez que tuvieron la libertad de escoger, Él deseó que le obedecieran.

Pero Adán y Eva sucumbieron a la tentación de Satanás. Participaron del fruto del árbol del conocimiento del bien y del mal, esperando llegar a ser sus propios soberanos. Quisieron decidir por sí mismos lo que era bueno y lo que era malo. Aun cuando su decisión chocó con la de Dios, quisieron mantener su propia decisión.

En cierto sentido, llegaron a ser sus propios soberanos independientes, teniendo el conocimiento para decidir lo que era bueno y lo que era malo, y siendo así, Dios no permitió que permanecieran en el Jardín del Edén. Dios les echó fuera. Vivieron de allí en adelante tomando sus propias decisiones en cuanto a lo bueno y a lo malo. Este es el llamado humanismo, influenciado por Satanás. El humanismo es una declaración de independencia de Dios. No reconoce a Dios. No depende de las decisiones de Dios, solamente separa más al hombre de Dios.

Tan pronto como Adán y Eva fueron echados del Jardín del Edén y separados de Dios, comenzaron a declinar. Su espíritu murió instantáneamente. Sus mentes fueron arruinadas por el diablo, y toda la tierra fue maldita. Fueron destinados a morir y a convertirse en cenizas.

Tan pronto como los seres humanos llegaron a ser sus propios soberanos, se volvieron seres sin esperanza, se volvieron seres desamparados. Sin esperanza porque murió su espíritu y sus mentes declinaron completamente. Su destino fue vivir con el sudor de sus frentes hasta morir.

Cuando vemos la historia del hombre después de Adán y Eva, podemos ver fácilmente qué ser sin esperanza es el hombre. Nuestro diagnóstico de los seres humanos es que sufren de la enfermedad de la desesperanza. Son seres sin esperanza desde que nacen hasta que mueren.

En el plano filosófico, después de la Segunda Guerra Mundial estuvo de moda el existencialismo. Los filósofos del existencialismo definieron a la raza humana como una raza sin esperanza. Los seres humanos no tenían esperanza porque eran culpables de su pecado y nadie podía borrar ese sentimiento de culpa.

Los seres humanos están sin esperanza porque no tienen meta ni propósito en la vida. Están sin esperanza porque mueren y se convierten en cenizas. Básicamente, los seres humanos son una raza sin esperanza.

Como pastores, cuando miramos a lo seres humanos, debemos mirarlos como seres totalmente sin esperanza. Pueden reír y externamente parecer disfrutar de sus vidas, pero esto es una decepción de la que ellos mismos son víctimas.

## *La esperanza completa del evangelio*

Como pastor, conozco bien la situación puesto que muchos de los miembros de nuestra iglesia estuvieron muy enfermos de cáncer. Fueron al hospital y aunque sufrían de cáncer terminal, sus médicos les dijeron: «Oh sí, su enfermedad puede ser curada. No tomará más de seis meses hasta que usted esté curado».

Esos pacientes fueron engañados, supuestamente para su propio bien. Venían a mí y me decían sonrientes: «Oh pastor, mi enfermedad no es nada grave. No necesito preocuparme».

Pero yo sabía la verdad.

Un miembro de mi iglesia que era un hombre de negocios, murió de cáncer en el estómago. El médico le dijo que tenía un pequeñísimo pinchazo en su estómago, como el pinchazo de una aguja, que se curaría muy fácilmente, pero a mí en cambio me dijo que el hombre padecía de cáncer terminal y que no tenía ninguna posibilidad de sobrevivir. Yo sabía la verdad, pero el hombre de negocios vino a mí sonriente, diciéndome: «¡Gloria a Dios! no tengo una enfermedad grave. Tengo un pequeño pinchazo en mi estómago que se curará muy pronto».

Yo le dije: «Sea que se vaya a curar pronto o no, es mejor que vaya al Monte de la Oración y ore».

«No necesito ayunar ni orar, la mía no es una enfermedad grave».

Él fue engañado.

Ese verano tuvo una fiesta que la disfrutó mucho y por algún tiempo después de eso se sintió un hombre muy feliz. Pero pronto vino la catástrofe y murió.

En realidad todos los hombres viven vidas de engaño de parte de Satanás. No piensan en el futuro. Actúan como que estuvieran realmente felices y fueran a vivir eternamente en esta tierra. Sin embargo, son personas sin esperanza. Todas estas personas vienen a usted. ¿Qué va a hacer con ellas? ¿Las va a condenar? ¿Las va a rechazar? ¿Las va a golpear hasta que caigan al piso?

Cuando la gente sin esperanza viene a usted, debe darle esperanza. Esa es la única respuesta. La más grande esperanza es el evangelio de Jesucristo.

Algunos predicadores pobres y sin preparación son muy buenos para condenar a la gente. Por eso no utilizo a los estudiantes recién graduados de la Escuela Bíblica para predicar en mi púlpito, porque la manera más fácil de predicar es condenando. El sermón de condenación es el sermón más fácil de predicar.

Si yo fuera a predicar un sermón de condenación, no necesitaría prepararme mucho. No necesito gastar de cinco a ocho horas preparando ese sermón. En realidad, yo comienzo a preparar mi sermón del domingo, desde el martes. Reuno el material el martes, y luego lo hiervo y lo hiervo. Entonces el viernes saco la sopa y preparo un sermón.

Cuando iba a la escuela, siendo un pequeño niño, durante la ocupación japonesa, nuestro país era un país sumamente pobre. Teníamos muy poco para comer. Mi abuela ponía todo lo que hallaba en una pequeña olla. Ponía pescado, huesos de res, hierbas, etc. y hervía y hervía esto por horas y horas. Cuando regresábamos a casa de la escuela, ella nos daba esa sopa. Era increíblemente deliciosa.

De la misma manera, usted debe hervir su sermón en su fogón. Si comienza a hervirlo desde el martes, y sigue haciéndolo el miércoles y el jueves, entonces el viernes por la noche usted tendrá una rica sopa. Cuando escriba ese sermón y lo predique el domingo, verdaderamente bendecirá a la gente y será alimento para los cristianos.

Después del sermón del domingo siento un vacío en mi corazón. Siento que he predicado todo y que no me queda nada para predicar el próximo domingo.

Predicar un mensaje lleno de poder no es fácil. Para que haya crecimiento en su iglesia, usted debe dedicar su tiempo para tener un sermón muy rico.

Gasto la mayor parte de mi energía preparando un sermón. Empleo el treinta por ciento de mi tiempo en la administración de mi iglesia y de los ministerios. Empleo el setenta por ciento de mi tiempo en preparar los sermones. Durante cuarenta años he vivido solo para preparar sermones y predicarlos. El resto del trabajo lo delego a mis asociados o a la gente de negocios.

Cuando Charles Spurgeon, un famoso predicador londinense, murió, su esposa dijo que él se había quemado hasta la muerte trabajando para preparar sermones.

En realidad, para llegar a ser un pastor de éxito, para tener una iglesia creciente, usted debe dar cada semana una muy buena comida espiritual a su congregación. No es una tarea fácil. Debe estudiar continuamente porque usted no es un genio. No puede estar fresco cada semana para su congregación, a menos que estudie y pueda, de esa manera, tener algo que darles.

Su mente debe ser estimulada continuamente. Si no estimula su mente no puede recibir una revelación del Señor. Para
estimular su mente, debe leer las escrituras, meditar en ellas
y también leer otros libros.

En la actualidad no quisiera leer demasiados libros porque
tengo los ojos muy cansados, pero sigo leyendo de todos
modos. Mi esposa siempre va a la librería y compra libros
sobre varios temas tanto domésticos como internacionales, y
los amontona sobre mi escritorio. Una vez me enojé mucho
con ella debido a eso.

«Siempre traes toda clase de libros y los amontonas junto
a mi cama», le dije.

Ella respondió: «No, no quiero obligarte a leer esos libros.
Solamente los apilo allí. Esa es mi responsabilidad. Los dejo
allí por una semana o más, luego cambio ese montón por otros
libros. Los libros son el regalo que te hago. Si los lees o no,
no importa, pero se me parte el corazón cuando veo que no
lees ninguno de ellos».

En verdad, debido a mi esposa he leído muchos de los
libros que me ha comprado. Esos libros han sido muy precio-
sos para mí. Leer es algo maravilloso porque cuando se lee se
estimula la mente. Una vez que su mente es estimulada, usted
tiene material nuevo para su sermón. Conseguir material
nuevo para los sermones es algo sumamente importante.

Todos ustedes, los que son pastores, son mensajeros de las
benditas nuevas de la salvación. Deben llevar esas nuevas de
esperanza a todos. Sean que estén conscientes o no de esto,
todos tienen un sentido de culpa que les hace sentir incómo-
dos cuando oyen un sermón sobre el pecado y la condenación.
Ya ellos están desesperados por sus pecados, ¿qué más sería
necesario amontonar sobre ellos? A los que están desangrán-
dose y muriéndose, ¿qué más sería necesario hacer para
atormentarlos?

A veces algunos pastores son como los boxeadores que entran en un campeonato de peso pesado. El domingo, cuando los miembros de su congregación cansados y golpeados se sientan en la iglesia, los pastores se suben al púlpito y descargan más porrazos sobre ellos. Los pobres son golpeados tanto en el mundo como en la iglesia.

Dirigido por Dios, he predicado sobre la esperanza en Jesucristo, por 37 años. Poco después de la guerra, la situación en Corea desafiaba toda expresión. Había desesperación por todas partes y el gobierno estaba al borde del colapso. No había ley ni orden y dominaba la pobreza. En ninguna parte había esperanza para el futuro.

Enfrentado con tan completa desesperación, prediqué el evangelio de la completa esperanza cuando entré en el ministerio. Le di a la gente un mensaje de esperanza. Poco a poco la gente comenzó a tener esperanza y valor. Por la fe comenzaron a sobreponerse a su desesperanza.

Antes de condenarles, debemos predicarles sobre la esperanza y el amor. Aun cuando deben entender correctamente su pecado y arrepentirse, también deben aprender que el amor de Cristo nos ha redimido a todos nosotros.

## El evangelio que llena nuestras necesidades

Gente con grandes necesidades viene a su iglesia. Usted debe tratar de llenar esas terribles necesidades en sus vidas. Ellos tienen grandes necesidades. Tienen necesidad de recibir amor, fe, gozo, sanidad divina, éxito en los negocios, etc. Si usted no llena esas necesidades, ellos no vendrán a su iglesia. Aun así, muchos predicadores predican sermones irrelevantes.

Cuando Estados Unidos estaba en guerra contra Irán, el gobierno iraní tomó a muchos estadounidenses como rehenes. Los Estados Unidos estuvieron muy enojados por esta situación. Pero en el oriente no estuvimos tan preocupados como los norteamericanos por esta situación. En realidad, a nosotros esto no nos afectaba mucho. Lo leíamos en los periódicos, lo escuchábamos en la radio, u observábamos los acontecimientos por televisión, pero no estábamos directamente involucrados en el asunto.

Un domingo vino un predicador norteamericano a mi iglesia, altamente recomendado. Personalmente, no hubiera querido ponerle frente a la congregación para predicar, pero como fui presionado, lo dejé predicar en mi iglesia.

Este predicador me dijo: «Esta mañana voy a predicar un mensaje contra Irán, y sobre cuán inhumanamente son tratados allí los norteamericanos».

Repliqué: «Ustedes los americanos están definitivamente afectados por esta situación, pero a nosotros no nos afecta. Seguramente no conseguirá la atención de nuestra gente, si predica sobre ese tema».

«No, no. Todos los seres humanos de la tierra deben saber esto. Todos deben sentirse afectados por las acciones injustas del pueblo iraní contra los norteamericanos cautivos allí», insistió.

«Mire, yo mismo no estoy interesado en la crisis de los rehenes. Por favor, predique otro mensaje», le rogué.

«No. Voy a predicar sobre las acciones inhumanas de los iraníes. Ellos son los representantes de Satanás». Sabía que no cedería ni un ápice.

Él trataba de llenar las necesidades de los norteamericanos, pero no la necesidad del pueblo coreano. Después de todo, los coreanos no necesitaban que se les dijera nada sobre Irán. Nosotros teníamos otras necesidades y él iba a predicar un mensaje totalmente inapropiado.

Fue en ese momento que decidí ser su intérprete, de manera que pudiera predicar mi propio mensaje a la gente.

Cuando este predicador predicaba sobre Irán y su tratamiento a los norteamericanos, yo decía: «Nosotros debemos levantarnos contra Satanás. Debemos derrotar a Satanás en el nombre de Jesucristo. Entonces toda la iglesia se levantaba para echar a Satanás fuera del mundo».

La congregación respondía y aplaudía alabando a Dios.

Después del servicio, el predicador vino a mi oficina diciendo: «¿Lo ve, Cho? Yo tenía razón. Toda su gente se emocionó con mi sermón».

Yo me limité a decir: «Así es. Usted hizo un buen trabajo».

Una cosa es predicar un mensaje, pero otra totalmente diferente es predicar un mensaje pertinente.

Los mensajes norteamericanos se relacionan maravillosamente con el pueblo norteamericano. Si los predicadores norteamericanos quieren predicar un mensaje para ayudar a la gente en Corea, deben estudiar la cultura y las situaciones de la vida real de los coreanos. Entonces pueden relacionar su mensaje con la gente.

Debemos llenar la profunda necesidad de la gente. Debemos relacionar nuestro mensaje a la vida diaria de la gente. Esto es muy necesario e importante. Por un lado debemos darle esperanza a la gente, pero por otro, debemos hacer lo mejor de nuestra parte para llenar sus necesidades diarias. Es por eso que escucho la radio, miro la televisión, leo los periódicos y las revistas como Newsweek y Times. De esa manera conozco la verdadera situación del mundo y la situación diaria de mi pueblo.

Entonces, de acuerdo con sus necesidades, oro delante del Señor para que el Espíritu Santo pueda darme el tema correcto de mi mensaje. De esa manera relaciono mi sermón con sus vidas diarias.

En nuestra iglesia, la gente hace cola para entrar al santuario principal el domingo. Tenemos siete servicios el domingo.

La gente permanece en fila una o dos horas antes de que comience el servicio. Durante el invierno hace mucho frío en Corea. Sin embargo aun en invierno la gente continúa haciendo fila por horas, para poder entrar en el santuario principal de mi iglesia. En verdad, la gente que viene a nuestra iglesia pasa junto a por lo menos 4000 iglesias en Seoul, antes de llegar a nuestra iglesia. Siempre me pregunto ¿por qué pasan junto a todas esas hermosas iglesias y vienen a la nuestra? Nuestra iglesia está bastante lejos del área céntrica principal de Seoul. Está localizada en Yoido Island.

Un día invernal, mi curiosidad superó a mi lógica. Puesto que tenemos más o menos una hora entre los servicios, después de predicar el domingo por la mañana me deslicé fuera de mi oficina y me confundí con la gente que estaba haciendo fila. Hacía mucho frío y las personas tenían subidos los cuellos de sus abrigos, de manera que sus caras estaban parcialmente cubiertas. Yo hice lo mismo mientras me unía a la fila y le hablaba a una persona que estaba a mi lado.

«Hace un frío terrible», le dije.

«Sí, hace mucho frío», respondió una señora. Continué:

«¿Por qué viene a esta iglesia, pasando por alto muchas otras iglesias? Si yo fuera usted no vendría y esperaría aquí en el frío para entrar en esta iglesia».

La señora sacó su cabeza de entre el cuello de su abrigo y preguntó: «¿Es la primera vez que viene a esta iglesia?»

En realidad no quise decir una mentira en ese momento, así que me limité a aclarar mi garganta.

Entonces la señora dijo: «Bien, encontraré un asiento para usted. Vale la pena sufrir aun para encontrar un asiento en esta iglesia, porque cuando uno escucha a nuestro pastor él resuelve los problemas de su vida. Venimos aquí cargados con toda clase de problemas en nuestras vidas, pero cuando escuchamos a nuestro pastor, nuestros problemas se solucionan.

Nuestras necesidades son llenadas y como resultado tenemos éxito en nuestras vidas, no solo espiritualmente, sino también en nuestras vidas en este mundo, tenemos éxito, así que sea paciente y espere».

«¿Realmente Él da esperanza a sus corazones?»

«Claro que sí. Mire a todas esas personas que esperan aquí. Antes de que vinieran a esta iglesia no tenían esperanza, pero cuando comenzaron a venir a esta iglesia recibieron esperanza».

Me sentí grandemente estimulado. Me deslicé de la fila y regresé a mi oficina, dando gracias a Dios porque me haya usado por medio del poder del Espíritu Santo para llenar las necesidades de estas personas.

Usted no puede culpar a la gente porque no viene a su iglesia. Si les da buenas comidas espirituales, ellos vendrán.

Fuera de la iglesia, ¿dónde más puede ir la gente para encontrar alimento espiritual?

¿Dónde encontramos el mensaje de esperanza?

En esta época, especialmente en los Estados Unidos, está el movimiento de la Nueva Era que trata de desarrollar la mente humana por medio de extrañas manipulaciones. Tratan de resolver los problemas humanos desarrollando habilidades meditacionales por la manipulación de la mente humana. Esas son cosas del diablo. Ellos imitan la obra de Dios. Nunca debemos usar sus métodos para ayudar a la gente.

Cuando intentemos darles un mensaje a ellos, debemos tener mucho cuidado de una cosa. A diferencia del movimiento de la Nueva Era, nosotros nunca debemos depender ciegamente de nuestra propia fuerza.

Nuestro mensaje debe estar siempre teñido con la sangre de Cristo. Los mensajes que no vengan de esta fuente no son mensajes celestiales que puedan llenar la necesidad de la gente. Usted puede predicar toda clase de mensajes de pensamiento positivo, pero no hay seguridad de su cumplimiento.

Pero cuando predica el Evangelio que proviene de la cruz de Jesucristo, Dios asegura el cumplimiento de ese mensaje.

## El buen Dios y la nueva vida abundante

En 1958, año en que comencé mi trabajo pionero, fue un período muy miserable en la historia Coreana. Cuando me gradué de la Escuela Bíblica fui al mercado y compré una muy vieja y usada carpa de lona de la Marina. La llevé al suburbio de la ciudad donde toda la gente marginada se reunía y vivía. Muchas personas del campo que habían perdido sus tierras y sus granjas, vinieron a Seoul sin nada más que esperanza. Sin embargo, la vida en la ciudad no les fue nada fácil. Fueron pisoteados y atropellados por la vida vertiginosa de la ciudad. Habiendo fracasado, todos se fueron al suburbio de Pulkwang dong, el área de los barrios bajos de Seoul, y se establecieron allí. Se hicieron adictos al opio, alcohólicos y gansters. Todas las personas de clase inferior se congregaron allí.

Fui dirigido por el Espíritu Santo para ir hasta esta área y comenzar una iglesia allí. Fui a la ladera de una montaña, sin conseguir ningún permiso del dueño, y levanté allí la carpa de la Marina. El dueño de la tierra en la que estaba levantando la carpa hizo mucho ruido, pero yo permanecí impasible. Simplemente continué levantando la tienda y comencé a tener servicios. Las personas allí eran extremadamente pobres. Sufrían de desnutrición.

Durante esos días me sentí desesperado. Después de predicar por alrededor de tres meses, había consumido todo mi material de predicación. Toda la educación recibida en la Escuela Bíblica se me agotó en tres meses. Desesperado comencé a leer y leer y predicar todos los mensajes de Billy Graham y Oral Roberts. Cuando ese material se terminó también, busqué todos los libros de T.L.Osborne, y prediqué todos sus mensajes sobre sanidad. Después de T.L.Osborne, seguí predicando los mensajes del Rev. Han Kyung-Jik, un famoso pastor presbiteriano de Corea.

Por seis meses prediqué varios estilos de mensajes en la iglesia de la tienda, pero nadie vino a la iglesia. En menos de un año, había hecho mis maletas más de ocho veces para salir del ministerio. La iglesia sufría financieramente y pensé que quizás no había sido llamado al ministerio.

Después de un año, no tenía ninguna alternativa sino admitir: «Ciertamente, no fui llamado para ser un ministro».

Había utilizado y agotado mensajes de los más famosos predicadores y no tenía nada más que predicar. De todos modos, no importaba cuán ardientemente predicara, mi iglesia no crecía. Sin tener ingresos financieros, hubo muchos días en que no comía. Muchas veces cuando me paraba en el púlpito me sentía mareado por el hambre. Hubo veces cuando me caí y me desmayé por la desnutrición.

Entonces un día, mientras predicaba, uno de mis intestinos se perforó debido a la desnutrición. La sangre bajó por mi cuerpo y llegó hasta mis zapatos que se llenaron de sangre. Vi la sangre, me sentí débil y caí. Cuando recobré el conocimiento, era llevado en una camilla.

En ese entonces toda la nación sufría de pobreza. Muchos no tenían nada que comer. Los mendigos venían a mi tienda iglesia y pasaban allí la noche. Puesto que yo era el pastor, tenía el mejor lugar en la tienda para dormir... justo frente al púlpito. Los demás dormían alrededor mío, bajo la tienda.

Cualquier dinero que conseguíamos, comprábamos alimentos y los compartíamos. Era un verdadero comunismo cristiano. Pero no solo compartíamos nuestro alimento sino también nuestros piojos. Todos estábamos infestados de piojos.

Un día visité un hogar para ganar una familia para Jesucristo. Eran refugiados de Corea del Norte. Habían sido personas muy ricas en Corea del Norte, pero ahora eran absolutamente pobres. El hombre bebía desde muy temprano en la mañana hasta muy tarde en la noche. Era odiado en toda esa área porque siempre estaba borracho y molestaba a todos. Era una persona bastante conocida.

Su esposa era una mujer muy hermosa pero estaba muy extenuada debido a la desnutrición. Sufría de problemas estomacales y del corazón. Tenían diez muchachos que se pasaban todo el día en la calle lustrando zapatos y metiendo las manos en los bolsillos ajenos.

Esta familia vivía en un pequeño cuarto y tenían solamente una manta.

Estaba determinado a ganar esta familia para Jesucristo, así que fui rápidamente y toqué la puerta de su casa. La puerta se abrió de golpe y la señora salió y me miró. Le dije: «Señora, crea en Jesucristo y se irá al cielo».

Ella echó fuego por los ojos. Estaba muy exasperada. Me dijo: «Predicador, ¡fuera de mi casa! ¿Cielo? No me importa tal cosa. Si su Dios es tan poderoso, ¿por qué no hace algo para nosotros en la tierra ahora? Nos morimos del hambre. Necesitamos vestidos. Necesitamos arroz. ¡Cielo! Vaya usted adelante, váyase a su cielo».

Tenía razón. Testificar de Dios a alguien que sufre tanta pobreza y tanta necesidad, no tiene sentido. Antes que preocuparse de su salvación eterna, ellos tenían la preocupación más inmediata de sobrevivir diariamente. Necesitaban vestidos para cubrirse, comida para comer, y un lugar limpio para vivir. Sus mismas vidas eran un «infierno» para ellos. No tenían temor de ningún infierno después de que murieran. No solamente ella, sino toda la gente en el vecindario, estaba en la misma terrible situación.

Después del impacto que sufrí al conocer a esta señora, perdí mi voluntad de predicar sermones inclusive los domingos. Dije: «Oh, Dios mío, no tengo nada que predicar ahora. Todos esos años que estudié en el Colegio Bíblico me enseñaron mensajes tradicionales sobre ir al cielo o al infierno. Esos mensajes no tienen nada que ver con estas personas».

En la carpa iglesia había un altar de tierra donde me arrodillé y oré. Cuando oré, oí al Espíritu Santo hablándome: «Hijo mío, tú no has predicado mi mensaje, tú has predicado el mensaje de tu Escuela Bíblica. Comienza a estudiar el Nuevo Testamento con un nuevo punto de vista. No tengas prejuicios. Abre tu corazón y lee las Escrituras seriamente».

Dije: «Sí, eso haré».

Entonces comencé a leer Mateo, Marcos, Lucas, Juan, los Hechos, y así sucesivamente. Oh, eso llegó a ser una experiencia transformadora de vida, porque en la Escuela Bíblica nunca habíamos realmente terminado de leer la Biblia de tapa a tapa. Solamente discutíamos teología e ideas humanas. Durante mis años en la Escuela Bíblica, tres años, nunca habíamos leído la Biblia desde Génesis hasta Apocalipsis.

Abrí mi corazón y comencé a estudiar intensamente la Biblia. Y me sorprendí cuando me di cuenta que Jesucristo traía el Reino de los Cielos aquí. La Biblia nunca decía: «Arrepentíos y terminad vuestra vida rápidamente para ir al Cielo». «No, la Biblia decía: *Arrepentíos que el Reino de los Cielos se ha acercado* (Mateo 4.17), y *El Reino de Dios está entre vosotros* (Lucas 17.21).

Ese descubrimiento fue sorprendente porque yo estaba predicando un evangelio totalmente diferente del que Cristo predicaba. Cuando miré a la vida de Jesucristo, vi que Él iba por todas partes y perdonaba los pecados de los pecadores, luego echaba fuera los demonios, curaba a los enfermos, resucitaba a los muertos, calmaba las tormentas. Luego pedía a la gente que creyera. ¿Quién no hubiera creído? ¡Ellos ya habían saboreado el cielo!

Durante toda su vida Jesucristo odió al pecado, pero jamás odió al pecador. Odió al demonio, pero jamás odió a los poseídos por él. La gente sufría bajo el dominio de Satanás. Cristo invadió al mundo con el Reino de los Cielos. Por el poder del Espíritu Santo ministró el Reino de los Cielos a la gente necesitada. Las necesidades de la gente fueron satisfechas durante la vida de Jesucristo.

Esa fue la razón por la que multitudes y multitudes siguieron a Jesucristo. Me sorprendí de descubrir esta gran verdad. Jesucristo muy rara vez hablaba de un cielo más allá de la tumba. La mayoría de sus sermones estaban relacionados con la vida aquí en la tierra. ¿Cómo pudieron sus vidas ser transformadas por el poder del Reino de los Cielos? ¿Cómo pudieron sus necesidades ser llenadas por el Reino de Dios?

A medida que estudiaba la Biblia, me animaba más. Después de la resurrección de Jesucristo, en el día de Pentecostés, sus discípulos fueron ungidos con el Espíritu Santo. Comenzaron a llevar el mismo mensaje, a cumplir el mismo ministerio, y ellos no eran diferentes de nosotros. Me propuse seguir las enseñanzas de Jesucristo. Fui armado una vez más con el evangelio del Reino de Dios para llenar la terrible necesidad de la gente aquí.

Después de varias semanas visité nuevamente a esta señora. Esta vez yo era una persona cambiada, tenía el mensaje del cielo en la tierra ahora, no del cielo después de la muerte. Toqué a su puerta y me retiré prudentemente uno o dos pasos porque tenía miedo de la mujer. Ella abrió la puerta de un sopetón, y tan pronto como vio que era yo, me dijo: «¡Usted otra vez! ¡Le dije que no regresara!»

Inmediatamente le dije: «Señora, su esposo puede ser librado del alcoholismo. Usted puede ser curada de los problemas de su estómago y de su corazón. Todos sus diez niños pueden ir a la escuela y recibir una educación apropiada. Finalmente, usted puede vivir en una mejor casa».

Sus ojos comenzaron a brillar.

«¿Verdad? ¿Y quién podría hacer tales cosas para mí?»

«Jesucristo», le dije.

«Usted está predicando de nuevo».

«No, no estoy predicando religión, le estoy hablando de Jesucristo quien trajo el Reino de los Cielos a su hogar. Usted no necesita morir para ir al cielo. El reino de los cielos está aquí ahora. Le estoy diciendo que toda su vida puede ser transformada ahora. Él es un Dios bueno. Dios desea que su alma se salve y que su vida sea prosperada, y que sus cuerpos físicos sean curados».

«¿Dónde es su iglesia?», preguntó.

«Venga conmigo», le dije.

Ella salió y comenzó a seguirme. Caminamos y caminamos por los tortuosos senderos del campo hasta que llegamos a mi iglesia. Era una tienda todo rasgada, todo vieja.

«Esta es mi iglesia», le dije.

Ella miró a la iglesia un poco, y comenzó a reírse y reírse.

«Usted no está mejor que yo», dijo mientras se reía.

«Señora, tiene razón. No estoy mejor que usted en este momento. Necesito que Jesús me bendiga ahora mismo. Antes de conocerla creía en el Reino de Dios después de la muerte, pero después de haberla conocido descubrí que estaba equivocado. Jesús trajo el Reino de los Cielos a esta tierra hace 2000 años, de manera que nuestras necesidades pueden ser llenadas por Jesús en esta iglesia».

Cuando le dije que Jesús llenaría todas sus angustiosas necesidades estando en este mundo, ya no se sintió desalentada por sus circunstancias.

Comenzó a asistir a mi iglesia. Oramos en fe por tres meses antes de que su esposo fuera completamente curado del alcoholismo. Encontró un trabajo y comenzó a traer dinero al hogar. Su familia comenzó a comer arroz. Sus hijos comenzaron a ir a la escuela. Con la ayuda del gobierno compraron un pequeño pedazo de tierra a crédito. Más tarde edificaron una casa de ladrillo. Dios comenzó a prosperarles de día en día.

Ahora, tres de sus hijos son ministros ordenados del evangelio de Jesucristo. El Reino de Dios descendió a sus vidas y fueron completamente transformados. Este es el evangelio de Jesucristo. No predicamos ninguna fantasía. Predicamos la realidad. Predicamos esperanza. Predicamos para llenar las necesidades específicas de la gente.

¿Dónde obtenemos el mensaje de Jesucristo? Hasta la venida de Jesucristo, toda la tierra estaba regida por Satanás. Satanás estaba en la tierra para robar, matar y destruir. Entonces, hace 2000 años, Jesucristo invadió el mundo dominado por Satanás con el evangelio del Reino. Cualquiera que crea en Jesucristo será liberado del poder de Satanás.

Desde que Jesucristo trajo el evangelio del Reino de los Cielos, el poder de Satanás sobre el mundo comenzó a resquebrajarse donde quiera que Jesucristo iba. Jesucristo arrebataba a la gente del reino del demonio, y la llevaba al Reino del Hijo de Dios.

El diablo se desesperó. Se asustó y se volvió loco. Instigó al pueblo judío y al poder romano y ellos triunfaron arrestando a Jesús, clavándolo en la cruz y matándolo. El demonio creyó que había logrado una gran victoria, y que por matar a Jesús podría detener el avance del Reino de Dios en este reino del diablo.

Pero al matar a Jesús en la cruz, el diablo se destruyó a sí mismo. Jesucristo es el justo Hijo de Dios. Él era perfecto

Dios y perfecto hombre. Era totalmente justo. Pero Satanás es totalmente injusto. Satanás es totalmente pecaminoso y pervertido. El pecado no puede juzgar a la justicia. Eso sería una violación de la ley universal.

Satanás, el pecador, juzgó al justo: Jesucristo. Mató a Jesús en la cruz, y por hacer eso violó la ley del universo. Cuando Satanás crucificó a Jesús en la cruz y lo mató, el juez soberano, nuestro Padre celestial, se levantó de su trono y juzgó a Satanás por su crimen. Dios le quitó todas las armas, y Satanás perdió principados y potestades, y toda autoridad. Fue completamente desnudado de poder y autoridad desde ese momento, porque recibió el juicio final de Dios. Satanás fue expulsado de su posición.

Ahora Satanás es como un guerrillero en este mundo. No tiene ningún poder legal para regir este mundo, porque ya fue destruido en la cruz.

## La bendición quíntuple basada en la sangre redentora de Cristo

Isaías 53 nos muestra muy claramente lo que Jesús ha hecho por nosotros. Cuando queramos llenar las necesidades de la gente mediante el evangelio de la cruz de Jesucristo, debemos primero entender totalmente el contenido del evangelio de Jesucristo que fue posible por la gracia redentora de nuestro Señor.

Jesucristo, el Hijo de Dios fue crucificado en nuestro lugar en la cruz. Derramó su sangre. Fue herido. Murió, fue enterrado, y resucitó al tercer día. Ha completado su trabajo y ascendió al cielo y está ahora sentado a la derecha de Dios.

Por su sacrificio obtuvo la bendición quíntuple para nosotros: el nuevo nacimiento, la llenura del Espíritu Santo, la sanidad divina, la gracia de Dios, y el cielo. Estas cinco bendiciones se basan en Jesucristo y en su sacrificio redentor en la cruz, como nos enseña la Biblia.

## Mediante la Cruz recibimos perdón y justicia

Ningún pecador puede permanecer delante de Dios. Solamente los justos pueden permanecer delante de Dios. Justicia significa no haber cometido ningún pecado durante toda la vida de una persona. Si ha cometido aunque sea un pecado en su vida, usted no es justo, es un pecador. Para que una persona sea justa no debe haber cometido ningún pecado durante toda su vida. Sin embargo, ningún ser humano puede lograr tan completa abstinencia de pecado. Después de la caída de Adán y Eva, toda persona nació pecadora.

Está escrito en la Biblia que no hay justo ni aun uno (Romanos 3.10).

También está escrito en Romanos 3.23: *Por cuanto todos pecaron y están destituidos de la gloria de Dios*. No importa cuánto la gente se esfuerce para ser justa a través de varios métodos tales como moralidad, exilio, buenas obras, sufrimiento, nadie puede tener éxito en satisfacer el patrón de justicia de Dios.

Para resolver este problema fundamental de la humanidad, había necesidad de un redentor. Uno que pudiera redimir al hombre de su pecado original. Uno que fuera completamente justo. Uno que fuera tanto Dios como hombre: Jesucristo.

Está escrito en la Biblia: *Al que no conoció pecado, por nosotros lo hizo pecado para que nosotros fuésemos hechos justicia de Dios en Él* (2 Corintios 5.21).

Cristo vino a este mundo encarnado en el cuerpo de un hombre para redimirnos de nuestros pecados, y por su muerte en la cruz proveernos perdón a todos los hombres del pasado y del futuro. En el momento en que Jesucristo dijo:«Consumado es», recibimos nuestra salvación. Por la fe en Jesucristo llegamos a ser justos, no por nuestras buenas obras. Por la fe llegamos a ser los justos perdonados.

Debido a lo que Jesucristo hizo por la humanidad, Dios nos trata como si nunca hubiéramos cometido pecado durante toda nuestra vida, lo cual es en realidad una gran bendición.

Ya no somos pecadores. Somos la gente justa perdonada y hemos llegado a ser nuevas criaturas en Cristo (2 Corintios 5.17). Como tales, debemos siempre confesar: «Nosotros somos los justos perdonados». Para aquellos de nosotros que hemos llegado a ser nuevas criaturas, aunque nuestra fe pueda ser débil, cuando confesamos y nos arrepentimos de nuestros pecados, Cristo nos lava, limpia y perdona todos nuestros pecados. Por la cruz de Jesucristo hemos recibido este gran regalo. Al morir en la cruz abolió el pecado y la muerte, y en vez de eso estableció la vida.

## Mediante la Cruz llegamos a ser llenos del Espíritu Santo

Una muralla de enemistad existió entre Dios y el hombre desde la caída de Adán. Como resultado, el hombre no podía acercarse a Dios y cesó todo compañerismo entre el hombre y Dios. El hombre había llegado a ser enemigo de Dios a causa de sus malas obras y sus pensamientos (Colosenses 1.21).

Está escrito en Isaías 59.1,2: *He aquí que no se ha acortado la mano de Jehová para salvar, ni se ha agravado su oído para oír; pero vuestras iniquidades han hecho división entre vosotros y vuestro Dios, y vuestros pecados han hecho ocultar de vosotros su rostro para no oír.*

Sin embargo, cuando Cristo fue ofrecido como el Cordero sacrificial viviente y derramó su sangre, la muralla entre Dios y el hombre fue destruida (Romanos 5.10).

Antes de la muerte de Cristo había en el templo de Jerusalén una gran cortina entre el lugar santo y el lugar santísimo. Ninguna persona común y corriente podía entrar en el lugar santísimo bajo pena de muerte.

Pero cuando Jesús dijo: «Consumado es» y murió, la cortina se rasgó desde arriba hasta abajo y se abrió completamente (Marcos 15.38, Lucas 23.45). La enemistad entre Dios y los seres humanos terminó. Por la muerte de Jesucristo fuimos reconciliados con Dios por su sangre.

*Así que, hermanos, teniendo libertad para entrar en el Lugar Santísimo por la sangre de Jesucristo, por el camino nuevo y vivo que Él nos abrió a través del velo, esto es, de su carne* (Hebreos 10.19-20).

Ahora todos somos reconciliados con Dios, y como una seguridad de esa reconciliación, Dios puso su Espíritu Santo en nuestros corazones.

Cuando recibimos a Jesucristo como nuestro Salvador personal, hay una seguridad de que Dios pone el Espíritu Santo en nuestros corazones.

El Espíritu Santo es el Espíritu de reconciliación. Es el Espíritu Santo el que confirma en nuestros corazones que somos en verdad hijos de Dios. Está escrito en Romanos 8.16: *El Espíritu mismo da testimonio a nuestro espíritu, de que somos hijos de Dios.* Dios el Padre llega a ser entonces nuestro infinito recurso mientras vivimos. Esto es verdaderamente fantástico.

Muchas personas toman el dinero, la educación, la juventud y los tesoros como sus recursos. Pero estos no duran para siempre. Cuando usted toma a Dios como su absoluto recurso, eso es para siempre. También con Dios detrás suyo y apoyándolo, no hay nada que sea imposible.

Jesús dijo en Marcos 11.23: *Porque de cierto os digo que cualquiera que dijere a este monte: Quítate y échate en el mar,*

*y no dudare en su corazón, sino creyere que será hecho lo que
dice, lo que diga le será hecho.*

Ordenar que la montaña salte al mar es una imposibilidad
para la mente humana. Pero cuando usted tiene a Dios como
su recurso, esto ya no está más en el campo de las imposibi-
lidades. Ningún ser humano puede ordenar a la montaña que
se traslade al mar, pero para los que tienen a Dios como su
recurso, tal cosa no es imposible.

Cualquiera que confía en Dios desafía audazmente a lo
imposible. Cuando Dios me mostró que podía desafiar a lo
imposible, me sentí grandemente alentado.

Durante los cuarenta años de mi ministerio, oré sin cesar a
Dios y desafié a lo imposible. Por supuesto tuve ataques de
dudas, pero siempre Dios me dio tremenda victoria y éxito.

Nacimos para desafiar a lo imposible. Cuando usted confía
en Dios, puede ordenar a la montaña que se traslade al mar.
Hay montañas por todo el mundo bloqueando la senda del
hombre, no solo físicamente. Nosotros debemos osadamente
ordenar que se quiten del camino. Tal cosa es incomprensible
para aquellos que no son cristianos, pero no para los cristianos. En mi propia experiencia, las montañas desaparecen
cuando les reto, porque yo tengo a Dios. Y es solamente a
través de Jesucristo que puedo llegar a Dios. Soy reconciliado
con Dios por Jesucristo. Dios es mi absoluto recurso. Por
depender de Dios mediante las oraciones puedo desafiar a las
montañas y ser victorioso.

Si usted no desafía no tendrá nada. Desafíe a lo imposible
y construya una gran iglesia. Es la voluntad de Dios que
ustedes levanten grandes iglesias, porque una iglesia más
grande significa una cosecha más grande de almas.

He alistado muchos discípulos míos y después de algunos
años de servicio en nuestra iglesia, les he enviado a comenzar
su propia obra. Todos mis discípulos tienen grandes visiones

y sueños porque trabajaron bajo mi dirección. Les entrené para tener grandes visiones y sueños. Siempre les digo que puesto que tienen a Dios, deben desafiar lo imposible. Abra completamente su boca y Dios la llenará.

De manera que tome a Dios como su recurso y tenga grandes visiones y sueños. Tendrá mucho sufrimiento, pero tendrá grandes resultados.

Uno de mis discípulos que salió de esta iglesia, ahora tiene una iglesia de 100.000 miembros; otro, una de 10.000 miembros; otro, una de 5.000; varios otros tienen iglesias de 3.000 y 5.000 miembros. En menos de cinco años ellos están triunfando porque usaron el principio de la fe.

De manera que mediante la cruz de Jesucristo, Dios toca su vida con milagros. Tenemos una maravillosa fe en nuestro corazón que nadie podría quitarnos jamás. Por lo tanto, ustedes deben entender plenamente quiénes son. Ustedes no son personas promedio. Ustedes son cristianos. Como yo mismo he experimentado al buen Dios, puedo decirles cuán maravilloso es ser cristiano.

Poco después de la guerra de Corea yo era un estudiante de secundaria. Como mi familia no era muy rica, tenía que contribuir con los gastos tomando un trabajo después de clases. Trabajaba en cualquier cosa que podía, era vendedor callejero, trabajador ordinario, y hasta trabajaba en botes pesqueros. Entonces un día me desmayé por desnutrición y tuberculosis terminal. No tenía otra alternativa que salir de la escuela secundaria para recibir tratamiento médico. Hasta el día de hoy tengo solamente un año de educación formal en escuela secundaria.

Sin embargo, tenía el sueño de terminar la escuela y tomar estudios superiores. Mientras estaba enfermo en cama, compré guías de auto estudio y estudié por mi cuenta, de manera que pude leer muchos libros literarios de todo el mundo, memoricé

casi todas las entradas del diccionario inglés. Mientras continuaba mi autoeducación me presentaron a Cristo y lo acepté
como mi Salvador. Mi enfermedad también fue curada.

Poco después de recuperarme tuve el sueño de llegar a ser
un médico. Sin embargo, ese no era mi llamamiento de parte
de Dios. Cuando fui llamado al ministerio hice una solicitud
para la Escuela Bíblica, pero puesto que no había terminado
la Escuela Secundaria, no fui aceptado como un estudiante
normal. Fui aceptado solamente como un estudiante tempo-
ral. Hasta este día no tengo un diploma de la Escuela Bíblica.
Esta ha sido la razón del complejo de inferioridad que he
tenido durante toda mi vida.

Durante toda mi vida sufrí de complejo de inferioridad por
no haber terminado la Escuela Secundaria. Estando este tan
profundamente incrustado en mi alma, me era muy difícil
sobreponerme. Pero cuando vine a Dios, y cuando miré a
Jesucristo, y cuando Jesucristo quitó toda la enemistad entre
Dios y yo mismo, entonces Cristo me tomó y me reconcilió
con Dios. Cuando tomé a Dios como mi absoluto recurso,
repentinamente descubrí que podía desafiar a lo imposible.

He visto a Dios hacer grandes cosas en mi vida. En Corea
he comenzado varias Universidades Bíblicas, también una
Universidad de cuatro años con licencia del gobierno. Comencé una maravillosa Universidad: Bethesda Theological
School en Los Angeles, California, que está acreditada por la
American Board of Education, es una universidad que otorga
títulos de Bachelor y Master.

No se preocupe por la educación. Si usted puede educarse
formalmente eso sería maravilloso, pero si no puede, puede
obtener una educación celestial de la Biblia. Puesto que yo
carecía de educación, empleaba en cambio a personas muy
bien educadas pagándoles un buen salario. Compraba su
educación.

Ahora tengo una fantástica universidad, una fantástica compañía periodística, y necesito expertos en esa compañía. Debido a la falta de mi propia educación, no puedo dirigir todas esas diferentes instituciones personalmente, pero sé cómo hacer uso de los expertos en esos campos. Les pago buenos salarios, y contrato sus cerebros. De esta manera puedo compensar mi propia falta de educación.

Ahora he salido de mi complejo de inferioridad, después de tener 700.000 miembros. Todavía me enfrento con la timidez cuando me paro frente a la gente de mi iglesia. Tenemos el más grande número de profesores, doctores, abogados, generales y funcionarios del gobierno. A veces me pregunto a mí mismo: «Cho, ¿qué estás haciendo tú aquí? Eres el menos educado de toda esta gente».

Entonces siempre me consuelo diciéndome que «Soy el mensajero de Dios, escogido por Él».

Ustedes también son mensajeros de Dios escogidos por Él. Ustedes tienen la fe de Dios y pueden desafiar lo imposible.

## Mediante la Cruz recibimos sanidad divina

Hay algunos que critican a la iglesia cuando el pastor ora por sanidad divina. Sin embargo, Dios ha dicho en Éxodo 15.26: *Porque yo soy Jehová tu sanador.*

Miren a la vida de Jesucristo, cuando predicaba el Reino de los Cielos echaba fuera a los demonios y curaba a los enfermos. También decía: *Arrepentíos porque el Reino de los Cielos se ha acercado* (Mateo 4.17). Él mostró el fruto del Reino de los Cielos curando a los enfermos y echando fuera a los demonios para que creyeran. También les ordenó hacer lo mismo a los doce discípulos y a los setenta seguidores. Cuando usted va y predica el Reino de los Cielos, cura a los enfermos y echa fuera demonios, porque la sanidad es el fundamento del Reino de los Cielos (Marcos 10.7-8; Lucas 10.9).

No olviden esta verdad: El fundamento del Reino de los Cielos es la sanidad divina. De manera que no se puede separar la sanidad del mensaje de salvación.

Miren las vidas de los apóstoles. Ellos nunca separaron el mensaje de salvación de la sanidad divina. La sanidad divina es parte del mensaje de salvación. La sanidad divina es parte integral del evangelio de Jesucristo.

La enfermedad comenzó en el Jardín del Edén con las palabras de Dios: Adán, «polvo eres, y al polvo volverás» (Génesis 3.19). Para volver al polvo, el cuerpo debe morir un día. Este proceso que nos lleva más cerca de la muerte día a día, tiene lugar por medio de las dolencias y las enfermedades.

La enfermedad y la final muerte vinieron por el pecado. El pecado es la raíz de las enfermedades y la muerte (Romanos 5.12). Habiendo pecado contra Dios, el hombre se volvió débil y vulnerable a las dolencias, las enfermedades y la muerte. Este es el problema que Cristo vino a resolver para el hombre.

El profeta Isaías profetizó sobre la obra redentora del Mesías, setecientos años antes del nacimiento de Cristo, en Isaías 53.5: *Más Él herido fue por nuestras rebeliones, molido por nuestros pecados; el castigo de nuestra paz fue sobre Él, y por su llaga fuimos nosotros curados.*

Cristo, al sufrir y morir en la cruz y ser resucitado para el Cielo, nos ha dado salvación. Esta salvación fue para nuestros espíritus, almas y cuerpos, para perdonar nuestros pecados, y librarnos de las dolencias y las enfermedades. Una de las muchas bendiciones de su obra redentora es la sanidad divina.

La Biblia nos dice que debemos orar para ser curados de nuestras enfermedades (Santiago 5.14-16). La sanidad divina que Cristo nos mostró cuando estaba en la tierra, todavía nos es provista en el día de hoy. Tenemos derecho de pedirle a

Dios sanidad divina. Dios desea curarnos de nuestras enfermedades.

Cuando aceptamos a Cristo y somos perdonados de nuestros pecados, Dios nos sana. Es deber de los pastores enseñar a la gente su derecho a la sanidad divina.

Antes de subir a los cielos, Jesucristo expresó su última voluntad para la gente:

*Id por todo el mundo y predicad el evangelio a toda criatura. El que creyere y fuere bautizado, será salvo; más el que no creyere, será condenado. Y estas señales seguirán a los que creen: En mi nombre echarán fuera demonios; hablarán nuevas lenguas; tomarán en las manos serpientes, y si bebieren cosa mortífera no les hará daño; sobre los enfermos pondrán sus manos, y sanarán* (Marcos 16.15-18).

El mensaje de salvación está siempre acompañado de sanidad divina. Sin embargo, la sanidad divina no es de absoluta necesidad para la salvación. La sanidad divina es solamente una parte de la salvación. Por su muerte en la cruz, Jesucristo salvó no solamente nuestros espíritus, sino que nos salvó completamente: espíritu, alma y cuerpo. Cristo es el sanador del espíritu, del alma y del cuerpo. Los que aceptan el evangelio de salvación, deben aceptar el evangelio de la sanidad divina.

Durante mi ministerio, nunca he dejado de orar por sanidad divina. He sido malentendido y maltratado. Muchas personas me han llamado hereje, pero yo me he mantenido fiel en orar por sanidad. Dios es justo y siempre cura a los enfermos. Es la orden de Cristo a las iglesias, orar por sanidad divina.

Cristo nos enseñó tres ritos que debíamos celebrar en la iglesia: el bautismo en agua (Marcos 28.19), la comunión (Lucas 22.19), y el ungimiento para sanidad (Mateo 10.18; Marcos 16.18). Dios nos dio esos tres ritos para que los celebremos en la iglesia. Hoy en día, muchas iglesias bautizan fielmente, y tienen servicios de comunión, pero son negligentes en cuanto a ungir a las personas para que sean sanadas. Son negligentes en sus obligaciones. En otras palabras, la sanidad divina es un mandamiento que Cristo nos ha dado (Marcos 16.18-20).

Parte del éxito de mi ministerio se debe a que oro por las personas para que sean sanadas. No digo que tenga el don de la sanidad. Simplemente oro por las personas para que sean sanadas, porque Jesús me ordena hacerlo así, y cuando oro, muchas personas se sanan.

Mediante la cruz de Jesucristo tenemos sanidad divina. Jesucristo llevó nuestras enfermedades y sufrió nuestros dolores. La Biblia dice, en 1 Pedro 2.24: «Por cuya herida fuisteis sanados». De manera que en realidad, usted fue sanado hace dos mil años. Ahora el problema que usted tiene que afrontar es un problema de fe, no un problema de enfermedad o de dolencia. Los problemas de dolencias y enfermedades han sido solucionados por Cristo para siempre. Jesucristo pagó el precio hace 2000 años. Ahora lo único que le queda es creer.

Cristo llevó todos nuestros pecados, y la única responsabilidad que nos dejó es creer. Creer es el problema. Cuando comprende totalmente la voluntad de Dios y cree en su providencia, entonces, por la fe, Dios va a realizar milagros de sanidad aun en el día de hoy.

## Mediante la Cruz es quitada la maldición y somos bendecidos

La idea del éxito de los americanos es diferente de la de aquellos del Tercer Mundo. Para los americanos, el éxito se traduce en tener un mejor Cadillac, o una mejor casa. Su éxito lo entienden en términos de prosperidad material. Para los que viven en el Tercer Mundo no hay otro patrón de éxito que la mera supervivencia. Las personas del Tercer Mundo son materialmente pobres.

En la actualidad, Corea está prosperando mucho debido al mensaje de Jesucristo. En términos de supervivencia y posesiones materiales, puede decirse que Corea ha tenido un poco de éxito.

Por lo general los ministros que trabajan en el Tercer Mundo sufren grandemente. La membresía de la mayoría de las iglesias es de treinta a cien miembros, y porque los miembros a duras penas sobreviven, los ministros reciben alrededor de $100 al mes para vivir. Verdaderamente es una tarea muy difícil continuar en el ministerio y al mismo tiempo cuidar de una familia, con un ingreso tan bajo.

Debemos reclamar la prosperidad de Jesucristo. Pero prosperidad no significa solamente abundancia de cosas materiales, sino prosperidad en todos los aspectos de nuestras vidas.

La Biblia nos dice en Eclesiastés 10.10: *La sabiduría es provechosa para dirigir.* En otras palabras, el verdadero provecho para nuestras vidas está en cumplir la voluntad de Dios quien nos provee la sabiduría que necesitamos.

A veces usted necesita ser extremadamente pobre para prosperar en su trabajo. Como misionero, necesita renunciar a todo para prosperar en su campo. Con ese sacrificio de la comodidad personal podemos traer a numerosas personas al Señor.

¿Quién dice que usted no prospera en su trabajo? Usted puede ser y estar muy próspero. Nunca debe limitar la prosperidad a prosperidad material solamente. Dios le da abundantes bendiciones materiales, pero usted, como siervo de Dios, tiene derecho de prosperar en todos los demás aspectos de su vida. Fue con ese propósito que Jesucristo fue a la cruz, quitando la maldición de nuestras vidas.

Desde la creación del hombre, el propósito de Dios fue bendecirnos y prosperarnos, pero por el pecado de rebelión de Adán, fuimos malditos. Sin embargo, Jesucristo quitó esa maldición. Toda la vida de Jesucristo tuvo el propósito de proveer la redención del pecado para el hombre. Con el nacimiento de Jesucristo comenzó la obra redentora. Con su nacimiento de la virgen María y del Espíritu Santo, comenzó nuestra redención.

Está escrito en 2 Corintios 8.9: *Porque ya conocéis la gracia de nuestro señor Jesucristo, que por amor a vosotros se hizo pobre, siendo rico, para que vosotros con su pobreza fueseis enriquecidos.*

Cristo nació en total pobreza. María y José no tenían siquiera un lugar donde acostar al niño Jesús cómodamente, por eso lo recostaron junto con los animales (Lucas 2.7), y Jesús vivió treinta y tres años de su vida en la pobreza para poder redimirnos de la pobreza. Toda su vida fue conformada para redimir nuestras vidas de la pobreza y del fracaso.

Finalmente fue a la cruz, y Pablo tan acertadamente explicó el significado de su muerte, en Gálatas 3.13-14: *Cristo nos redimió de la maldición de la ley, hecho por nosotros maldición (porque está escrito: maldito todo aquel que es colgado en una madero), para que en Cristo Jesús la maldición de Abraham alcanzase a los gentiles, a fin de que por la fe recibiésemos la promesa del Espíritu.*

Adán fue maldito porque violó la ley de Dios. Desde ese tiempo todos los seres humanos han violado todas las leyes de Dios, y todos los seres humanos han sido malditos, pero Jesucristo llevó la maldición sobre la cruz.

Está escrito en Deuteronomio 21.22-23: *Si alguno hubiere cometido un crimen digno de muerte, y lo hiciereis morir, y lo colgaréis en un madero, no dejaréis que su cuerpo pase la noche sobre el madero; sin falta lo enterrarás el mismo día,*

*porque maldito por Dios es el colgado; y no contaminarás la*
*tierra que Jehová tu Dios te da por heredad.*

En la Biblia, morir en la cruz significaba muerte por la
maldición de Dios. Jesús, el bendito hijo de Dios, llegó a ser
el símbolo de la maldición por haber sido clavado en la cruz
para que pudiera redimirnos de la maldición de la ley. Usted
y yo ya no somos malditos. Somos gente bendita. Esta actitud
mental es tremendamente importante.

Ahora, cuando me levanto, digo: «¡Gloria a Dios! ¡Qué
hermoso día es hoy! Soy una persona bendita; por dondequiera que vaya me seguirán las bendiciones».

Viví en condiciones de extrema pobreza y de fracaso durante mucho tiempo desde que era un joven. Pero por las bendiciones de Dios, soy libre de la vida pasada y vivo una vida de
gran bendición.

Muchas personas que viven en los países del Primer Mundo, no han experimentado nunca la pobreza. La mayoría de
personas del Primer Mundo nacen con una cuchara de plata
en su boca, y no pueden entender la tragedia de lo que
significa vivir en la pobreza. Pero nosotros en el Tercer
Mundo lo hemos saboreado un día y otro día. Hemos sufrido
de desnutrición, tuberculosis, y toda clase de dolencias y
enfermedades. Conocemos los méritos de las bendiciones de
Dios. Conocemos el terror y la tragedia de la pobreza y el
fracaso, y necesitamos animar a nuestra gente a tener fe, a
tener una actitud correcta para salir de la situación caída de
sus vidas.

Esta actitud es de principal importancia para salir de tal
pobreza y fracaso.

Después de haber llegado a ser un siervo de Dios, no pude
sacudirme del sentimiento de ser un fracasado. Pensaba que
la vida de pobreza y fracaso era mi destino, un destino que no
podía ser alterado en lo más mínimo.

La primera meta que me puse, el sueño que tuve para mi iglesia, fue tener una iglesia con 300 miembros.

«Oh Dios, soy nadie. No tengo gran educación. Pero si mi iglesia crece hasta tener 300 miembros, te agradeceré hasta el fin de mi vida».

En ese tiempo, ese era mi más grande sueño. Sufría de tal complejo de inferioridad, que no podía imaginarme dirigir una iglesia que tuviera más de 300 miembros. Sin embargo, a medida que leía la Biblia, me daba cuenta que Jesucristo vino a quitar toda la maldición y a abrirnos un camino amplio hacia las bendiciones de Dios.

«¡Eh! Esto es una maravilla. No me había dado cuenta de esto, pero en verdad no soy la misma persona de antes. He sido cambiado. Piso el mismo terreno que Abraham pisaba. Ya no vivo punzado por espinas y abrojos. Oh Espíritu Santo, muéstrame el gran propósito para la voluntad de Dios».

A medida que abría mi corazón con tal oración, comencé a soñar grandes sueños dados por el Espíritu Santo. Mi ser estaba lleno de grandes y maravillosos sueños. Los sueños comenzaron a crecer en mi corazón y miré hacia el cumplimiento de esos sueños día a día. Con el tiempo, todos aquellos maravillosos sueños se hicieron realidad.

Ustedes también, ya no son más gente maldecida. Ustedes son gente de éxito. Ustedes son gente bendecida. Están destinados a ser un éxito. Están destinados a tener prosperidad porque Jesucristo tomó su lugar para librarles de la maldición que pesaba sobre su vida. Puesto que Cristo pagó el precio, ¿por qué tendría usted que pagar continuamente el precio?

Usted está destinado a ser cambiado, cuando su actitud mental cambie (Romanos 12.2). Las bendiciones de Dios han estado aquí por 2000 años. Dios nunca ha cambiado. Necesitamos ser cambiados por Él. Cuando cambiamos nuestras actitudes mentales, comenzamos a encontrar nuevas visiones y esperanzas en Cristo.

«Soy una persona justa en Jesucristo».

«Tengo a Dios como mi único recurso».

«He sido sanado porque Cristo ha sido herido».

«Soy bendito porque Cristo sufrió en la cruz».

«Soy victorioso sobre la muerte y el infierno, porque Cristo resucitó».

## Mediante la Cruz seremos resucitados

Cuando miramos a la cruz de Jesucristo encontramos cinco facetas de bendiciones que fluyen de la cruz: la bendición del nuevo nacimiento, la llenura del Espíritu Santo, la sanidad divina, las bendiciones mientras vivimos, y la bendición de la resurrección. Es lo que llamo el evangelio quíntuple. Cuando aceptamos estas cinco facetas de la bendición de Dios en nuestras vidas, podemos verdaderamente predicar el mensaje de esperanza para llenar las necesidades concretas de nuestra gente. Su evangelio debe basarse en la gracia redentora de nuestro Señor Jesucristo. Una vez que usted se basa en estas verdades, nada le puede desalentar. Nada puede desafiarle. Usted está equipado con la bendición de Dios comprada por la sangre de Cristo.

La Segunda Venida de Cristo no es una fantasía, es una promesa de Dios que con toda seguridad se cumplirá.

En la Biblia, todas las promesas de la venida del Mesías se cumplieron con el nacimiento de Jesucristo. Los cuatro Evangelios del Nuevo Testamento han registrado en detalle la obra de Cristo mientras estaba en la tierra para la salvación de la humanidad. Más adelante, la Biblia profetiza la Segunda Venida de Cristo. Sin embargo la Biblia nos dice que el día de su Venida nadie lo sabe, y es conocido únicamente por Dios (Mateo 24.36; Hechos 1.7).

El enfoque, el contenido, tanto del Antiguo como del Nuevo Testamento, es Jesucristo. La Biblia nos habla del plan final de Dios para la humanidad: el regreso de Jesucristo, y la venida del Día del Juicio.

Mientras como cristianos, vivimos en este mundo debemos esperar ardientemente la Segunda Venida de Cristo, y no ser indulgentes con nosotros mismos en los placeres de este mundo que Dios prohibió. Somos simplemente peregrinos en este mundo camino hacia nuestro hogar final, nuestro hogar en el Cielo. Es esta fe en Cristo y en su poder redentor lo que nos mantiene con nuestra vista fija en Dios.

Como pastores, tenemos la responsabilidad de entregar el mensaje de nuestra peregrinación a la congregación, para que tengan la esperanza del Cielo siempre, en su corazón.

El Cielo definitivamente existe. El Infierno también definitivamente existe (Apocalipsis 20.14-15; 21.1-4). El lugar donde finalmente nos encontraremos, puede ser decidido solamente mientras vivimos en este mundo. Después de la muerte solo nos espera el juicio (Hebreos 9.27).

Cuando dirigía una iglesia en el área de Dae-jo, en Seoul, había una pobre pareja que venía a mi iglesia. El esposo era carpintero. Un día, el esposo murió de cáncer en el estómago. Cuando oí la noticia de su muerte corrí a su hogar y vi la lastimosa condición de la familia. La pareja y sus hijos vivían en un solo cuarto, no tenían suficiente dinero para mudarse a un lugar más amplio. La partida de su esposo de este mundo fue devastadora para la mujer y para la familia que vivía en semejante miseria.

La esposa se aferraba al ataúd de su esposo y lloraba a gritos.

«¿Qué haré? ¿Cómo viviré?», gritaba. No podía dejar de llorar. Mirando llorar a su madre, los niños también lloraban y gritaban. En ese momento, para sorpresa de todos, el esposo abrió lenta y pesadamente sus ojos. Clavó sus mirada en su angustiada esposa, y le extendió una mano lánguida. Con la otra mano tomó la mía, ante el mudo asombro de todos, y habló:

«Querida, ¿por qué estás llorando así? Nada en este mundo es eterno. ¿Nuestra despedida de este mundo, no es para la eternidad? ¿Verdad? Simplemente Dios me ha llamado antes que a ti. Le pediré a Jesús que te cuide y cuide a los niños. Cuídalos mucho, y cuando llegue tu tiempo, nos reuniremos otra vez».

Parecía como que estuviéramos en un aeropuerto, con él que salía para algún viaje de negocios. Mientras mirábamos en silencio, cerró lentamente sus ojos por última vez.

Sus palabras fueron confirmadas enseguida por el Espíritu Santo que trajo inmediato consuelo a la esposa. Ella se volvió muy diligente en cualquier trabajo que conseguía y llegó a ser muy activa en la iglesia. No mucho tiempo después comenzó a ser bendecida y a vivir una vida mucho más fácil que la que había vivido antes. ¿Qué es lo que cambió semejante miseria en felicidad? La esperanza, la esperanza de verse el uno al otro nuevamente, y la fe en Dios que viene para consolar y sanar.

El Cielo hacia el que nos dirigimos es un lugar sin lágrimas, sin dolor y sin muerte. Todos viviremos en el abrazo de Dios. No hay noches ni días en el cielo, viviremos en la brillante luz de Dios. En ese arrobamiento viviremos por toda la eternidad.

Cuando Cristo vuelva, los que son salvos serán llevados al cielo y se encontrarán con Cristo, antes de los siete años de tribulación. Los que tienen fe en Cristo deben siempre permanecer velando y esperando ese día. La Biblia nos dice que mientras dos hombres estén trabajando en el campo, uno será llevado y otro será dejado. Mientras los dos hombres trabajan lado a lado, uno será llevado y el otro será dejado (Mateo 24.40-41). Es importante que permanezcamos espiritualmente despiertos en ese día, para que no seamos dejados. Para los que estén espiritualmente despiertos, este será un día de indescriptible gozo, mientras que para los que no tengan fe en Cristo, será un día de increíble miseria y sufrimiento (Mateo 24.30; Apocalipsis 1.7).

Debemos permanecer despiertos en todo momento, armados con las oraciones y llenos del Espíritu Santo.

Durante los primeros días de mi ministerio, muchos en mi congregación sufrían de gran pobreza. No tenían ninguna esperanza de una vida mejor. Luchaban contra su miseria sin lograr mayores cambios. Eran incapaces de liberarse hasta de la preocupación de lo que comerían ese día.

Mientras sufrían así, les prediqué repetidas veces el mensaje del evangelio quíntuple, confiando en darles esperanza, la esperanza que podría producir cambios. Aprendieron no solamente que podían entrar en el glorioso Reino de Dios, sino que también serían bendecidos mientras vivieran en este mundo.

Poco a poco sus actitudes cambiaron y sus vidas cambiaron. Como la esperanza comenzó a crecer en ellos y ellos oraban a Dios, Él comenzó a obrar en ellos. Lentamente salieron de su pobreza. Día a día, la distancia entre ellos y la pobreza aumentaba. Y como ellos mismos vieron que sus vidas habían cambiado, se preocuparon de llevar esta bendición a otros, cumpliendo el último mandamiento de Jesucristo de predicar el evangelio a todo el mundo.

Nuestra iglesia creció, y por medio de la radio, televisión, el internet, el evangelio fue predicado. También apoyamos a muchos evangelistas para que fueran a diferentes partes del mundo.

Patrocinar todos estos programas significa una gran carga económica. La única manera en la que podíamos hacer frente a semejante demanda, era a través de los miembros de nuestra congregación que eran bendecidos no solo espiritual sino también materialmente. A medida que la congregación usaba las grandes bendiciones que Dios le había dado, para hacer la obra de Dios, esto no solamente glorificaba a Dios, sino que era una plataforma para alcanzar aun mayores bendiciones. Cuando la bendición de Dios se usa solamente para un beneficio egoísta y no para la gloria de Dios, Dios no se agrada.

Segar lo que se siembra es una de las reglas fundamentales de Dios. Está escrito en Gálatas 6.8: *Porque el que siembra para su carne, de la carne segará corrupción; más el que siembra para el Espíritu, del Espíritu segará vida eterna.* Usar nuestras riquezas y recursos para Dios es como sembrar, y eso nos dará una gran bendición.

Como pastores, debemos hacer lo máximo para continuar recordando a la congregación esta verdad.

En conclusión, es de mayor importancia que nuestros mensajes se basen en la obra redentora de Jesucristo. Solamente cuando nuestros mensajes se fundan sobre la sangre de Cristo, podemos vencer a este mundo y a Satanás que trata de robarnos. Todos ustedes son siervos de Dios a través de los cuales obra el Espíritu Santo.

El evangelio quíntuple basado en la sangre redentora de Jesucristo trasciende el tiempo y lleva esperanza a todas las personas de todas las generaciones y épocas. Es un mensaje de la bendición de la gloria eterna después que morimos, pero también es el mensaje de la vida bendecida mientras vivimos en este mundo. No dudamos del poder vivo de la promesa de Dios ahora. Para transmitir esta verdad a la congregación, los pastores deben primero tener esperanza. Solamente entonces la congregación oirá el mensaje de esperanza sobre esperanza, y será transformada, llevando grandes victorias a sus vidas. Y cuando la congregación salga a testificar de esta gran verdad que ha descubierto, su iglesia crecerá.

Tengo la firme convicción de que la iglesia puede crecer solamente cuando tales mensajes se dan a la congregación. La Iglesia tiene un deber de justicia y santidad adentro, y la práctica del amor afuera.

Y es el Espíritu Santo el que se moverá en este mundo y traerá esta gran victoria.

# Capítulo 4

# La clave para el crecimiento de la Iglesia: Fe

Las personas creen que entienden lo que es la fe, pero de una manera práctica no entienden cómo obra la fe en definitiva. La Biblia nos dice que sin fe no podemos agradar a Dios. Mediante la fe, obramos juntamente con Dios. Es absolutamente imposible agradar a Dios sin fe. Usted puede orar mucho, puede cantar mucho, puede efectuar toda clase de ritos en su iglesia, pero si esas cosas no edifican en su corazón una fe que le permita alcanzar el trono de Dios, todo eso no sirve de nada. Es inútil.

La Biblia dice que Dios resucitó muertos, que Dios hizo las cosas que no eran como que eran. Puesto que resucitar muertos significa que Dios hace milagros, sin que se realice un milagro un muerto no puede ser resucitado. Dios es un Dios que resucitó muertos.

Al acercarnos a Dios, una cosa debemos saber de corazón: Dios está vivo y realiza milagros.

Muchas personas creen que el tiempo de los milagros ya pasó. Personas con esa clase de teología tienen serias dificultades para creer en Dios.

Si usted no cree que Dios puede realizar milagros, no experimentará el gran milagro de Dios, ni podrá obrar juntamente con Dios, porque la naturaleza de Dios es realizar milagros.

Dios no está limitado por el tiempo ni por el espacio como lo estamos los seres humanos. Como Dios no está limitado por el tiempo ni por el espacio, Él puede llamar a las cosas que a los ojos humanos no son, como si fuesen. Para vivir por fe usted debe estar de acuerdo con Dios. Debe creer en milagros. Debe llamar a las cosas que no son como si fuesen.

Vivimos en el presente y esperamos acontecimientos en el futuro, pero para Dios no hay distinción entre el futuro y el presente. Si no puede tener la fe para esa clase de cooperación con Dios, Él no puede obrar a través suyo. ¿Cómo podría usted trascender la dificultad de tiempo y espacio?

Muchos cristianos no pueden trascender el tiempo y el espacio para llamar a las cosas que no son como si fuesen. Para resolver este problema es necesario tener visiones y sueños del Espíritu Santo.

Con la ayuda del Espíritu Santo, cuando usted se eleva por medio de las oraciones entra en las visiones y los sueños de Dios. Entonces en ese momento ve más allá de las limitaciones humanas. Entonces puede llamar a las cosas que no son como si fueran.

## Fe en las promesas de Dios

Mire a Abraham. Muchos años después de que tomó a Sara como su esposa, Abraham esperó el nacimiento de un hijo. Sin embargo, Sara no pudo darle uno, hasta el punto que Abraham renunció a tener un hijo de Sara y estaba dispuesto a adoptar a su esclavo Eliezer como su hijo (Génesis 15.2). Entonces una noche Dios vino a Abraham (Génesis 15.1-6).

Esa noche, mientras Abraham dormía profundamente, Dios lo llamó.

«¡Abraham, Abraham, despierta!»

Cuando Abraham despertó, Dios le dijo: «Sal de tu tienda».

Abraham salió de su tienda. Era una hermosa noche estrellada. Puesto que había poca humedad en esa parte del país, las estrellas brillaban intensamente.

«Mira al cielo. Cuenta el número de las estrellas».

«¿Contar las estrellas en medio de la noche?», preguntó Abraham.

Dios nunca nos pide hacer tonterías. En ese momento, Dios trataba de llevar a Abraham a una nueva dimensión de fe, a la dimensión de la fe de Dios.

Abraham comenzó a contar las estrellas: «1, 2, 3, 4, 5, 6, 7, 8, 9, 10...».

Abraham contó y contó. Pronto estaba nadando en las estrellas. Las estrellas estaban nadando alrededor de él. Estaba mareado de tanto contar las innumerables estrellas.

Entonces Dios le dijo: «Deja de contar. Voy a decirte una cosa: tu descendencia va a ser tan numerosa como esas estrellas. Vas a tener innumerables hijos, tantos como las estrellas que estás contando».

Esa afirmación causó un tremendo impacto en la mente de Abraham. Abraham fue sacado de la dimensión humana, e introducido en la cuarta dimensión de Dios. Estaba rodeado de estrellas. Todas las estrellas parecían convertirse en los rostros de sus hijos. Hasta sentía como si estuviera oyendo un coro de voces que le llamaban: «¡Padre Abraham!»

Estaba sumamente conmovido, y después de esa experiencia quedó profundamente transformado. Entró en su tienda, hundió su cabeza en la almohada y trató de dormir, pero solamente podía ver las estrellas. La Biblia dice que creyó.

Las visiones y sueños que Dios nos da son el vaso en el que podemos guardar nuestra fe. El tener visiones y sueños nos proporciona el vaso en el que nuestra fe puede crecer.

Con la visión y el sueño de Dios, Abraham esperó el cumplimiento de esa visión y ese sueño. Pasaron cinco años, pasaron diez años, y todavía Sara no tenía ningún hijo. A medida que envejecían más y más cada día Sara, preocupada de no poder tener un hijo, sugirió a Abraham tomar a Agar, su esclava, como su esposa y tener hijos en ella (Génesis 16.16). De ella, Abraham tuvo un hijo al que puso por nombre Ismael.

Abraham y Sara no se dieron cuenta que cuando Dios promete bendecirnos, escoge el tiempo que Él cree oportuno, y hasta ese entonces debemos esperar pacientemente.

Creyeron que el don de la vida prometido por Dios tenía que venir a ellos por medio del proceso natural de la vida, y creyeron que Ismael representaba ese don. Sin embargo, Dios se le apareció a Abraham cuando él tenía 99 años, y le confirmó una vez más que el hijo que tendría sería de Sara. Como señal de su pacto, todos los descendientes varones de Abraham fueron circuncidados desde ese día en adelante (Génesis 17.10,11).

Pero para entonces, en realidad Abraham y Sara eran ya de edad bastante avanzada y parecía muy improbable que pudieran tener descendencia. Abraham dijo: «¿Puede nacerle un hijo a uno que tiene cien años de edad? ¿Y podrá Sara que tiene noventa años de edad, concebir? ¡Oh, que Ismael pueda vivir delante de ti!»

Al principio, Abraham tuvo fe en la promesa de Dios, pero con el paso del tiempo comenzó a dudar, al verse a sí mismo de una manera realista. Pero Dios es justo. Cuando hace una promesa, la cumple. Dios le dijo a Abraham, en Génesis 17.21: *Más yo estableceré mi pacto con Isaac, el que Sara te dará a luz por este tiempo el año que viene.* Dios reafirmó su promesa a Abraham, enviándole unos mensajeros que le hablaron una vez más del nacimiento de un hijo en Sara (Génesis 18.1-10). Sin embargo Sara, que había estado escuchando sin ser vista de los tres hombres, pensó para sí: *¿Después que* he envejecido tendré deleite, siendo también mi señor ya viejo? (Génesis 18.12).

En respuesta, Dios le dijo en Génesis 18.14: «*¿Hay para Dios alguna cosa difícil? Al tiempo señalado volveré a ti, y según el tiempo de la vida Sara tendrá un hijo*». Abraham y Sara ya no dudaron más en sus mentes, sino que tuvieron fe en la promesa de Dios.

Tal como Dios lo había prometido, Sara dio a luz un hijo: Isaac.

La esperanza y el deseo tan largamente acariciados por Abraham, fueron finalmente cumplidos y llegaron a ser una realidad cuando llegó el tiempo debido.

Para el Dios eterno no hay pasado, presente ni futuro. Para Dios, todos los tiempos son presente. Cuando Dios nos da sueños y visiones de cosas que todavía no suceden en nuestro tiempo, debemos tener fe en la visión, y fe aun cuando no podamos ver con nuestros ojos ni oír con nuestros oídos. Cuando tenemos tal clase de fe, nuestras visiones y sueños llegarán a ser realidad, con toda seguridad.

Es muy importante, precisamente porque los sueños y visiones requieren mucha paciencia y espera, que usted no se desanime. No debe alimentar pensamientos de imposibilidad del cumplimiento de sus visiones y sueños. Cuando Dios le da visiones y sueños, ellos son sus promesas y Dios las cumplirá si usted mantiene su fe.

Nuestro Dios es omnipotente y bueno. Para Dios, que es eterno, todas las cosas en el pasado, presente y futuro, ya se han cumplido.

Al comienzo de mi ministerio pensaba que la fe pertenecía al futuro.

«Oh Dios, mañana será un mejor día que hoy».

«Oh Dios, la próxima semana sucederá algo grande».

«Oh Dios, el próximo año será mejor año que este».

Sin embargo, el paso del tiempo no necesariamente nos trae grandes y maravillosas cosas. Aunque viví de visiones y esperanzas durante los comienzos de mi ministerio, nada realmente bueno sucedió. Entonces Dios me dio el entendimiento de la fe y la preparación de Abraham. Comencé a pensar, no en grandes cosas para el futuro, sino a tener fe en que las grandes cosas de mis sueños ya se habían cumplido.

«Eso no lo puedo creer», me dicen muchos.

Yo les digo: «Les falta la fe porque solamente están mirando a la realidad presente».

«Pero creo que algo bueno sucederá muy pronto».

Nunca sucede. Las cosas que ya no han sucedido en usted, nunca sucederán en el futuro. Dios llama a esas cosas que no son como si fueran. Usted puede decir: «Esto va a suceder en el futuro», no, «esto ya ha sucedido. No hay manera de que vaya a suceder mañana, está ya aquí ahora». Usted crea tensión entre Dios y usted.

Es importante que crea en un Dios que no está limitado por el tiempo como lo estamos los humanos. Para Dios, no hay pasado, presente ni futuro. Nuestra fe debe también trascender esa frontera. Cuando tenemos visiones y sueños, debemos tener fe en este presente que ya se han cumplido. Cuando limitamos a Dios con lo mismo que nos limita a nosotros, estamos limitándonos y negándonos a nosotros mismos que las grandes visiones y sueños de Dios son sus promesas.

## Fe que da a luz milagros

Como hombres, estamos limitados por el tiempo. Entonces, ¿cómo es posible para nosotros que experimentemos en el presente las cosas del futuro? Eso, por supuesto, es imposible. Si fuera a tratar por medio de meditaciones y ejercicios mentales, de trasladarse al futuro, usted sería considerado nada más que un paciente mental. Sin embargo, cuando confía en el Espíritu Santo y alberga en usted las visiones y sueños que vienen de Dios, a través de ellos verá y experimentará las cosas del futuro. Aunque podamos ver las cosas del futuro solamente por medio de visiones y sueños, cuando tenemos fe en ellos podremos experimentarlos en nuestras vidas presentes. Tal como una madre da a luz a sus hijos, debemos dar a luz a nuestras visiones y sueños.

Antes del lanzamiento del periódico Kookmin Daily, yo ya había dado a luz a las visiones y sueños de un periódico portador del evangelio. Aun antes de que la primera piedra se colocara, ya había tenido visiones y sueños de un periódico bien establecido que llevara los mensajes de Dios al pueblo de Corea. En mi mente vi vívidamente la grandeza de la organización del periódico. Esta visión y este sueño fueron cumplidos por los miembros de la iglesia, y todos compartimos esta visión y este sueño común.

Finalmente, el 10 de diciembre de 1988, luego de muchas oraciones y sacrificios de parte de todos los miembros de la iglesia, la rueda fue puesta en movimiento para el establecimiento del periódico Kookmin Daily. Ahora, el evangelio que lleva el Kookmin Daily, esparce el amor de Dios a toda Corea, es el defensor del cristianismo, y hace brillar su luz en los rincones oscuros de esta sociedad.

Después del Kookmin Daily, quedé preñado con otra visión y sueño: construir un segundo santuario en el área de Kang-nam, lo vi lleno de gente que venía y compartía el amor de Dios. El 14 de mayo de 1991, mi visión y mi sueño se hicieron realidad, y tuvimos nuestro primer servicio de adoración en el Santuario Kang-nam.

Cuando usted vive día a día dando a luz las visiones y a los sueños de su mente, puede experimentar lo que una madre siente después de dar a luz a sus hijos.

Día a día usted puede ver y experimentar sus sueños y visiones creciendo y creciendo en su mente. Llegan a ser tan vívidos en su mente que no puede tener dudas de que se cumplirán.

La Biblia nos dice en Marcos 11.22-23:

*Tened fe en Dios. Porque de cierto os digo que cualquiera que dijere a este monte: Quítate y échate en el mar, y no dudare en su corazón, sino creyere que será hecho lo que dice, lo que diga le será hecho.*

Antes de que construyera el Monte de Oración, mi suegra, la hermana Choi, fue a comenzar un grupo de oración allí. Eso era el cementerio de nuestra iglesia donde enterrábamos a los miembros de nuestra iglesia que morían. Había una pequeña casa en esa propiedad. Allí fue donde la hermana Choi y su grupo tenían reuniones de oración.

Oraba a Dios así: «Oh Dios, mueve a mi yerno, el Pastor Cho, para que construya un gran Monte de Oración aquí».

En esa época en particular, yo estaba tremendamente involucrado en la construcción de una iglesia en Yoido, y mis deudas eran gigantescas. Estaba económicamente batallando bajo la pesada carga de las deudas. Mientras luchaba por salir adelante, mi suegra y su grupo cristiano oraban porque yo construyera un Monte de Oración.

Muchas veces reconvine a mi suegra cuando me pedía construir un Monte de Oración.

«No sea necia. Ya tengo suficientes deudas amontonadas sobre mí. Si acumulo más deudas construyendo un Monte de Oración, seré aplastado».

Allí estaba yo, sintiéndome como un emparedado, porque muchos de los seguidores de mi suegra comenzaron a criticarme. Decían que el Pastor Cho no oye a su suegra, la ignora y la entristece. Realmente, yo estaba en una terrible situación.

Muchas veces le dije a mi suegra: «Usted me va a matar. No le diga nada a la gente. No trate de vender su idea a la gente.

Ellos me están presionando y yo estoy en una situación muy mala».

Aunque prometía dejar las cosas allí, continuaba propagando su idea de construir un Monte de Oración.

Finalmente, hice de esto un asunto de oración.

«Oh Dios, ¿qué debo hacer? ¿Debo construir un Monte de Oración?»

Quería saber la voluntad de Dios. No le preguntaba a Dios si financiaría este proyecto, porque el financiamiento era asunto mío.

Después de un tiempo de orar, repentinamente tuve en mi corazón un profundo, profundo, profundo deseo de construir un Monte de Oración. Hasta ese momento no había deseado de ninguna manera construir un Monte de Oración. Después del deseo me vino una seguridad de que era verdaderamente la idea de Dios construir un Monte de Oración. Sin embargo, todavía no estaba satisfecho. Así que busqué en la Biblia algo para confirmar mi deseo, para saber si era realmente la idea de Dios. Sorprendentemente, cada página que volteaba en la Biblia me hablaba de la oración: gente reuniéndose para orar y Dios oyendo sus oraciones.

Por fin llegué a la conclusión que construir un Monte de Oración no era algo contra las enseñanzas de la Biblia.

Entonces ore: «Oh Dios, ¿es esa tu voluntad?»

Mientras oraba, un ardiente deseo surgió dentro de mí, y una gran paz inundó lo más profundo de mis entrañas. Experimenté maravillosa paz.

Finalmente llegué a orar así: «Dios, dame una señal. Sin una señal de ti, no comenzaré a trabajar en el Monte de Oración».

Entonces uno de mis diáconos que tenía una compañía de construcción se me acercó y me dijo: «Pastor, ¿no siente ningún deseo de construir un Monte de Oración?»

«Sí, tengo el deseo pero no tengo el dinero», respondí.

«No se preocupe del dinero», me dijo.

Continuó diciendo que su compañía construiría todo el edificio a crédito, y más tarde, cuando tuviéramos el dinero, le pagaríamos.

Esta era una buena noticia. Continuó diciendo que cualquier cosa que yo hiciera Dios lo bendeciría. Sabía que cuando comenzara la construcción aparecería el dinero, que Dios supliría el dinero. Esta fue una fuerte señal que nos indicó que construyéramos el Monte de Oración.

En medio de la gran construcción de mi iglesia en Yoido Islet, añadí otra construcción: el Monte de la Oración. Pensé: «Si me voy a ahogar en Yoido, ¿por qué debo preocuparme del Monte de Oración? No hay diferencia entre ahogarse en diez pies de agua o en veinte pies de agua. Ahogarse es ahogarse. Si en Yoido voy a ahogarme bajo diez pies, y en el Monte de Oración bajo veinte pies, la situación será la misma. Confío en Él».

Tan pronto dije «adelante», una poderosa duda comenzó a apoderarse de mi corazón. El diablo comenzó a hablarme un día y otro día:

«Cho, ahora estás destruido. Esto es atroz. Estás loco».

Comencé a dudar de mí mismo y de mis visiones. Fui al lugar de la propuesta construcción del Monte de Oración, me paré en la colina y miré hacia abajo, hacia toda el área, y oré.

«Dios, puesto que esta es tu voluntad, voy a entrar en tu dimensión. Para ti, esto es algo terminado. Para mí es futuro. Tú llamas a las cosas que no son como si fueran, de manera que para ti ya hay un gran santuario aquí, para ti ya hay un dormitorio, para ti ya hay un comedor, para ti todo está terminado. Así que seré como Abraham y miraré las estrellas. Una estrella aquí, dos estrellas allá, tres estrellas por allá».

Conté todas las estrellas.

«Padre, gracias. Recibo todo esto que tú ya lo has terminado. Estoy en tu dimensión, no estoy en la dimensión humana. En la dimensión humana siempre me preocupa el futuro, pero en ti todo ha sido completado, de manera que lo acepto».

Con esas visiones y sueños en la colina del sitio de la construcción, me senté y oré una vez más:

«Oh Dios, gracias por este gran santuario; gracias por el dormitorio, gracias por este Monte de Oración. Los veo. Los tengo aquí. Dios, gracias. Te alabo porque los tengo a todos en mi corazón y puedo verlos claramente. Veo el plano. Los identifico con mi vida. Estoy preñado de ellos».

De allí en adelante vi un Monte de Oración completamente construido y alababa a Dios. Tenía una fe poderosa. Circunstancialmente estaba bajo gran presión económica, pero en mi corazón tenía gran fe. Fe como la de Abraham.

Abraham tenía 100 años de edad, su esposa 90. Abraham creyó que tendrían un hijo después de ver las estrellas.

Igualmente, a pesar de la situación, creí. Ni una sola duda se agitaba en mi corazón. Creí. Mi fe llegó a ser más fuerte con el pasar de los días. Entonces las cosas comenzaron a suceder. Dios comenzó a moverse. Más personas comenzaron a venir a nuestra iglesia. Nuestra situación económica se puso mejor y mejor.

Mientras se construía la iglesia Yoido, el Monte de Oración también se construía. Finalmente, cuando completamos la iglesia Yoido, completamos el Monte de Oración. No pasó mucho tiempo antes de que estuviéramos completamente libres de deudas. Todo se hizo debidamente.

¿Sueños? Sí, Dios obra a través de los sueños. Si usted puede soñar, usted puede lograr. Si no puede soñar no es nadie. Esa es la razón por la que en los últimos días Dios quiere derramar su Espíritu sobre toda carne para que los jóvenes vean visiones y los viejos sueñen sueños. Por medio de las visiones y sueños, Dios obra a través de su fe. Las visiones y los sueños son un asunto de fe. Esto es muy importante.

Esa es la razón por la que Satanás ataca las visiones y los sueños. Si usted no puede tener visiones y sueños, no puede estar en la dimensión de Dios, usted no puede tener la fe de Dios, no puede realizar milagros.

Muchas personas preguntan: «¿Cómo puedo tener visiones y sueños?»

Usualmente trato de ayudarme para tener una visión clara. Trazo el gran plano de mis visiones y sueños, y los veo como si ya estuvieran construidos en mí. Usted también debe tener el plano en su mente, y creer que todo ha sido hecho. Cuando lo haga así, el Espíritu Santo fortalecerá su fe y cumplirá sus sueños y sus visiones. Si no descubre este secreto no podrá hacer grandes cosas para Dios. Cuando usted genuinamente cree, puede hacer cosas, porque Dios pone las ideas suyas en su corazón. Una vez que las ideas de Dios vienen a usted, debe acomodarlas dentro de sus visiones y sus sueños.

La idea de Dios para el ser humano es algo que va a suceder en un futuro lejano. Pero cuando usted dé cabida a eso en visiones y sueños, reclámelo por fe y alabe a Dios, entonces por fe el poder de Dios se libera y los milagros de Dios comienzan a suceder. Las visiones y los sueños son muy, muy importantes.

## Fe que se confiesa con la boca

Muchas personas que sufren de enfermedades y dolencias vienen a mi iglesia. Yo les hablo de Dios.

«Jesucristo llevó sobre su cuerpo todos nuestros dolores y todas nuestras enfermedades. Cristo fue azotado para que podamos estar bien. Sus enfermedades fueron curadas hace dos mil años. Lo único que a usted le queda por hacer es creer».

«Tratamos de creer pero no sabemos cómo», responden.

«Luchar para creer no les ayudará a creer. El creer viene por aceptar. Aunque todavía sufran de sus dolores y enfermedades, deben tener fe que ya han sido curados. Deben aceptar por fe que están curados. Dios no les dice que serán curados, sino más bien que ya han sido curados mediante Jesucristo. Deben tener una fe que refleje eso».

Aunque me oyeron repetir esto muchas veces, no podían deshacerse de su duda.

«Simplemente no puedo creer en eso. Todavía sufro la enfermedad y siento el dolor. ¿Cómo puedo pensar que ya he sido curado? Si pudiera creer que esto ya ha sucedido antes, ¿realmente sucedería?»

Está escrito en Marcos 11.24: *Por tanto, os digo que todo lo que pidiereis orando, creed que lo recibiréis y os vendrá.*

Les digo que alaben a Dios que les ama. También les digo que miren a Jesucristo quien llevó nuestras enfermedades en la cruz, y que se miren a sí mismos en la cruz para que vean sus cuerpos sanados. Ver por fe tales imágenes es muy importante.

Después de recibir mucho ánimo de mí, comienzan a verse como completamente curados por la sangre de Jesucristo y comienzan a alabar a Dios.

«Gracias Dios. Estoy curado. Estoy completamente curado».

Después de tales milagros llegan a poseer una notable fe.

Un día vino a mi oficina una señora que estaba muriéndose de cáncer del esófago. Difícilmente podía hablar. No podía comer. Sufría en todo momento.

«Pastor, estoy muy enferma. No puedo creer que pueda ser curada».

Le dije: «¡Crea! Dios obra a través de su fe, no a través de sus sentimientos. Si usted piensa que recibirá sanidad a través de sus sentimientos, eso nunca sucederá. Antes de ser curada, usted debe creer».

«¿Cómo puedo creer si no puedo sentir? Siento dolor en todo momento. No puedo creer».

Para las personas comunes es muy difícil creer que ya han recibido sanidad, porque los cinco sentidos son muy fuertes.

Al final, yo estaba dispuesto a dejarla morir, pero mi corazón seguía deseando ayudarla. Mientras oraba, Dios me dio una idea.

«Hermana, tráigame un cuaderno y un lápiz». Ella me los trajo.

«Tómelos y vaya al Monte de la Oración. Vaya con ellos a la gruta de oración, y escriba el versículo de 1 Pedro 2.24, diez mil veces. No coma ni beba mientras escribe. Primero diga en alta voz "por su llaga fui sanada", deténgase un momento, cierre sus ojos, entre en la visión de Dios. Dios la ve sanada, de manera que véase a usted misma sanada.

»Luego, escriba el versículo. Repita este método diez mil veces. Cuando haya terminado, traiga su cuaderno a mi oficina, y yo oraré por usted y usted va a ser sanada».

Ella obedeció y fue al Monte de Oración, buscó la cueva y escribió:

1) Por sus llagas fui sanada. 2) Por sus llagas fui sanada. 3) Por sus llagas fui sanada, etc. Le tomó una semana escribir este versículo diez mil veces. Mientras ella escribía y se veía a sí misma curada, poco a poco comenzó a coincidir con la idea de Dios. La idea de Dios era que ella estaba sanada. Pronto olvidó su dolor y estuvo completamente en la idea de Dios: «Por sus llagas fui sanada». Se vio a sí misma completamente curada.

Al final de la semana regresó a mi oficina con una cara radiante. No tenía la voz ronca como en su anterior visita. Tenía una voz clara.

«Pastor, estoy completamente curada. Mire mi tarea. Escribí este versículo diez mil veces». Estaba tan empeñada en tener completamente terminada su tarea, que olvidó su cáncer.

«¿Qué pasó con su cáncer del esófago?», le pregunté.

«No tengo dolor», contestó.

«¿Por qué tiene una voz tan clara?», le pregunté.

«Pastor, no sabía que estaba curada. Estaba tan ocupada escribiendo este versículo, tan ocupada viéndome a mí misma curada, que me olvidé completamente de mi cáncer. ¡Estoy curada!»

Ella estaba completamente curada.

Una vez que ustedes entran en los pensamientos de Dios, el poder de Dios comienza a obrar. La Biblia es el pensamiento de Dios. La Biblia contiene los pensamientos y las ideas de Dios acerca de ustedes, desde Génesis hasta Apocalipsis.

Ustedes están tratando de vivir en las ideas humanas. Están más preocupados con lo que la gente dice de ustedes. Están más preocupados con lo que sus sentidos les dicen. Están más preocupados con lo que su mente lógica les dice. Pero no están preocupados con la idea que Dios tiene de ustedes.

Si son conscientes de la idea de Dios, van a experimentar la idea del cumplimiento de la salvación de Dios en Cristo Jesús. La idea de Dios acerca de ustedes es que sean salvos, perdonados, hechos justos. La idea de Dios acerca de ustedes es que sean llenos del Espíritu Santo, y que tengan todo el poder del Espíritu Santo. La idea de Dios acerca de ustedes es que sean sanados y estén saludables. La idea de Dios acerca de ustedes es que sean librados de la maldición y sean prosperados en todo. La idea de Dios acerca de ustedes es que resuciten y que Él pueda llevarles al Reino de los Cielos.

Cuando lean la Biblia no lo lean como un libro religioso, léanlo como la idea de Dios acerca de ustedes. Hay algunos que leen la Biblia y dicen: «Oh, esto es totalmente imposible». Sin embargo, esa es la mismísima razón por la que creemos en nuestro Dios.

Dios resucita a los muertos. Realiza milagros. Y Dios llama a las cosas que no son como si fuesen. Para tener la idea de Dios en sus vidas, deben creer en milagros. Para tener la idea de Dios cumplida en sus corazones, ustedes deben entrar en la cuarta dimensión de Dios o en la eterna dimensión de las visiones y sueños.

Las visiones y los sueños son el lenguaje del Espíritu Santo. Dios habla por medio de las visiones y los sueños. Dios obra a través de las visiones y los sueños. Una vez que ustedes tengan las visiones y los sueños, deben confesarlos con su boca. Esta confesión con la boca es muy importante. Cuando ustedes están llenos de fe en sus corazones, esta fluye naturalmente de sus labios en confesiones de esa fe.

La Biblia nos dice claramente que tenemos que creer en Dios. Cuando creemos en Dios y tenemos visiones y sueños, la fe crecerá en nosotros y podremos ordenar a la montaña que se quite y se eche en el mar. Cuando hablamos esas palabras de orden, esas palabras son la expresión de nuestra fe. Solamente cuando tenemos tal fe, una fe que nos convence de que nuestras palabras tienen tal poder, estas llegan a ser su propia expresión y confesión.

Dios creó este mundo y este universo con palabras. Con palabras Cristo perdonó nuestros pecados, sanó a los enfermos, echó fuera a los demonios, y calmó al mar. Las palabras tienen gran poder. Cuando usted tiene fe en su corazón y confiesa esa fe con palabras, sus palabras también tienen gran poder.

En el curso de mi ministerio luchaba para tener más fe para la sanidad divina. Repentinamente, un día mientras oraba, vinieron visiones a mi mente. Cuando oraba por los enfermos, mi mente comenzó a ver a los paralíticos parándose, a los cánceres disolviéndose, a los ciegos abriendo los ojos. Nunca antes había experimentado tales cosas en mi ministerio, de manera que pensé que el diablo estaba molestándome, tratando de confundirme.

«Tú diablo, ¡sal de mi mente!»

Sin embargo, continuaba teniendo tales sueños y visiones cuando oraba por los enfermos. Oré nuevamente:

«Oh Dios, el diablo está acosándome. Veo a los paralíticos parándose; veo a los cánceres disolviéndose. El diablo está acosándome con todas estas disparatadas visiones de sanidad entre mi congregación».

Dios contestó mi oración por medio del Espíritu Santo.

«No, eso no es un acoso del diablo. Eso es Dios dándote esas visiones durante ese servicio. Dios cura a los paralíticos y a los cancerosos. Tú estás resistiendo a Dios. Debes aceptar esas visiones y sueños, debes creer y anunciar por fe que Dios lo ha hecho. Entonces Dios va a realizarlos. Esas son las ideas de Dios que vienen a tu mente».

Yo estaba sorprendido.

«Sí, creeré y anunciaré lo que Dios me dice. Al comienzo tenía mucho temor, y no anunciaba ningún caso difícil. Cuando Dios me mostraba que alguien había sido curado de una enfermedad muy difícil como cáncer, no lo anunciaba a mi congregación. Pero cuando Dios me mostraba que alguien había sido curado de dolores de cabeza o problemas del estómago, yo lo anunciaba firmemente: «Alguien aquí está siendo curado de problemas del estómago, alguien está siendo curado aquí y ahora».

Enseguida los milagros comenzaron a ocurrir.

«Pastor, estoy curado. Ya estoy curado de un problema de sinusitis», decía una persona.

«El dolor de estómago se me ha ido», decía otra.

Yo me decía: «¡Oh, mira! ¡Esto realmente funciona!»

Como las experiencias me daban más valor, comencé a anunciarlas con más firmeza. De allí en adelante, cuando la idea de Dios venía a mi mente, anunciaba la Palabra de Dios produciéndose milagros tras milagros. Aprendí grandes lecciones.

Esa es la razón por la que constantemente libero mi fe hablando. Hablo sobre nuestra compañía periodística y sobre nuestro nuevo santuario constantemente, no solamente para que sepan de ellos sino para liberar mi fe. Tengo esa fe dentro de mí, y cuando es oportuno siempre la libero por medio de la confesión con la boca. Mi fe está siempre saliendo y por esa fe se realizan los milagros.

Fe y confesión están directamente relacionadas. Usted puede tener toda la fe en su corazón, pero si no la libera confesándola y expresándola, esa fe va a permanecer dormida en su corazón.

Pablo dijo en Hebreos 11.1: «Fe es la certeza de lo que se espera». Para tener fe, ustedes deben tener la idea de Dios claramente definida en sus mentes. Si ustedes tienen ideas claramente definidas de Dios (cosas), entonces deben esperar por ellas. Deben desear la idea de Dios. Cuando ustedes la deseen, tendrán visiones y sueños.

Cuando fui a Australia para unas reuniones, toda la asamblea estaba en disensión. Sentí que había una gran separación entre la gente. Por eso, oré mucho sobre esa situación y toda la semana prediqué sobre la fe a esa audiencia.

Antes de salir de Australia, les dije a los hermanos: «Tengan fe en el crecimiento de la iglesia. No den su opinión de que ninguna iglesia australiana puede crecer más de veinte o treinta miembros, y que al pueblo australiano le encantan los deportes y el juego mucho más que el llegar a ser cristianos e ir a la iglesia. Estas son solamente excusas y no los planes de Dios. Ustedes deben entrar en el plan de Dios para Australia. Dios quiere derramar su Espíritu sobre todas sus iglesias y hacerles crecer.

»Háganme un favor, traigan papel y lápiz y oremos juntos por el plan de Dios para las iglesias de Australia. Oremos por el crecimiento de esta iglesia, juntos. Entonces establezcamos una meta a lograr en los próximos cinco años. Luego, quisiera que cada uno de ustedes escribiera el número de personas a las que quieren alcanzar para su iglesia: 150, 300, 1000, 2000, 3000, 5000. Según el Espíritu Santo dirija sus corazones, escriban cuántas almas quisieran alcanzar». Todos hicieron como les sugerí.

«Ahora tomen este papel y péguenlo sobre la pared de su oficina. Miren a esta meta todas las mañanas, todas las noches y todos los momentos que puedan. Entonces tendrán un gran deseo de alcanzar esa meta. Pronto serán arrastrados naturalmente hacia dentro de esa visión y ese sueño. Verán claramente a su iglesia alcanzando esa meta. Cuando vean a su iglesia con claridad en el tiempo presente, entonces tendrán fe. Oren en esa fe y tendrán un gran avivamiento».

Hasta ese momento, la iglesia australiana tenía cero crecimiento. Durante diez años, cuando abrían una nueva iglesia, cerraban otra en algún lugar.

Exhorté a los hermanos australianos para que reconocieran y adoptaran las ideas y los planes de Dios, y no estuvieran deprimidos. Les dije que tuvieran una meta claramente definida, un profundo deseo en su corazón, y que vieran esa meta como si ya se hubiera cumplido en sus corazones, que estuvieran preñados con esa visión y ese sueño cumplidos en sus corazones, y que oraran con una fe que cree.

Después de dos años, cuando regresé a Australia, las Asambleas de Dios de Australia tenían un cincuenta por ciento de crecimiento. Durante más de diez años habían tenido cero crecimiento, ahora, cuando practicaron la fe y tomaron la idea de Dios, Dios realizó un milagro, y en dos años tuvieron un crecimiento de un 50 porciento. Ahora, la iglesia australiana está realmente encendida en crecimiento.

Usted también pude tener un crecimiento en su iglesia. También puede tener la victoria en su vida personal. Dios tiene un tremendo plan para usted. Por favor, entienda y acepte los planes que Dios tiene para usted. No viva de una manera poco privilegiada, careciendo de los planes de Dios para su vida.

Dios, a través de Jesucristo, nos ha dado ese tremendo plan. Para activar este plan, Jesucristo ya pagó el precio en su carne y por su sangre. Para que usted alcance y obtenga este plan debe creer en un Dios que realiza milagros y debe albergar el sueño de Dios como su sueño, ahora mismo.

# Capítulo 5

# La clave para el crecimiento de la Iglesia: Oración

*Había entonces en la iglesia que estaba en Antioquía, profetas y maestros: Bernabé, Simón el que se llamaba Niger, Lucio de Cirene, Manaén el que se había criado junto con Herodes el tetrarca, y Saulo. Ministrando estos al Señor, y ayunando, dijo el Espíritu Santo: apartadme a Bernabé y a Saulo para la obra a que los he llamado. Entonces, habiendo ayunado y orado, les impusieron las manos y los despidieron (Hechos 13.1-3).*

## Oración: Un profundo compañerismo con Dios

Muchas personas vienen y me hacen esta pregunta: «¿Cómo construyó una iglesia tan grande?»

Por supuesto, nuestra iglesia es bastante grande. Actualmente tenemos una iglesia que acomoda a 25.000 personas sentadas en el santuario principal, y con los auditorios de los lados podemos acomodar entre 40 a 50 mil personas de una vez. Pero en realidad, este edificio no significa nada para mí, después de todo. Lo que realmente significa y me preocupa cada día, es mi relación con mi Padre Celestial.

Las gente cree que orar es venir al Señor y pedirle que les dé algo. Eso es solamente una parte de la oración, pero la parte más importante de la oración es venir al Señor y servirle.

La gente cree que Dios es todopoderoso, omnipotente, omnisciente, y omnipresente. ¿Qué necesidades tendría Él? se preguntan. Pero en realidad Dios tiene una tremenda necesidad.

La Biblia dice en 1 Juan 4.8: *Dios es amor.*

El amor crea un gran vacío en el corazón del que ama, un vacío de tener compañerismo y de compartir con el objeto de ese amor.

Cuando usted ama a su esposa, quiere tener compañerismo con ella. Cuando usted ama a su esposo, naturalmente quiere tener tiempo para tener compañerismo con él. Mientras más se ama, más se desea tener tal compañerismo. Mientras menos se ama, menos se desea tener compañerismo.

Puesto que Dios es ilimitado y también amor, tiene un amor sin límites para sus hijos y por lo tanto un deseo sin límites de tener compañerismo con ellos. En realidad este es uno de los propósitos por el cual creó a la humanidad. Dios deseó no solo ser glorificado por el hombre, sino también tener compañerismo con él.

Fuimos creados a su imagen, y por el soplo de su aliento en nosotros llegamos a tener almas vivientes, es decir el espíritu de Dios. Esto es lo que nos hace diferentes de los animales. Y esto es lo que nos permite tener compañerismo con Dios. Fuimos creados con ese único propósito.

Ahora, tanto los ministros como los laicos cristianos sienten que están tan ocupados viviendo sus vidas, que no tienen tiempo de ministrar a la necesidad de Dios.

«Cuando tenga tiempo oraré al Señor y ministraré a la necesidad de Dios. Ahora estoy tan ocupado visitando los hogares de los cristianos y cuidando los negocios de la iglesia, que no tengo tiempo de orar».

Eso es una tontería. La más grande meta de nuestra vida debe ser ministrar a Dios. Dios les necesita, Dios les ama.

Dios quiere que vengan a Él, que se sienten y conversen con Él por horas y horas.

Las personas me preguntan: «¿Cuántas horas al día debo orar?»

En realidad, yo oro casi veinte y cuatro horas al día. Estoy en constante oración. Antes de dormir siempre ato a los espíritus malignos porque Jesucristo quiere que echemos fuera los demonios en su nombre. Les digo: «Espíritus malignos, os ato, os echo fuera mientras duermo».

Entonces reconozco al Espíritu Santo y hablo con Él:

«Querido Espíritu del Señor, te reconozco. Te doy la bienvenida. Dependo de ti. Aun cuando duerma, durante mi sueño, por favor obra en mi corazón».

Muy sorprendentemente, mientras duermo por la noche siento a mi espíritu cantando constantemente hasta cuando despierto.

A veces tengo un sueño incierto y me despierto durante la noche. Sin embargo, aun entonces encuentro a mi espíritu cantando en mi corazón al Señor. Cuando realmente dependo del Espíritu Santo, el Espíritu del Señor ora a través de mi espíritu a Dios en hermosas canciones, durante toda la noche. Aun cuando mi mente descansa, mi espíritu continuamente alaba al Señor.

Como la Biblia nos manda en Efesios 6.18: *Orando en todo tiempo con toda oración y súplica en el Espíritu, y velando en ello con toda perseverancia y súplica por todos los santos*, debemos orar constantemente ya sea dormidos o despiertos.

En verdad, con la ayuda del Espíritu Santo oro a Dios continuamente en los momentos en que estoy despierto. Pero a más de eso, dedico un tiempo específico cada día para ministrar a la necesidad de Dios. Antes de dedicar tiempo a la gente o a los asuntos de la iglesia, siempre dedico tiempo para orar. Esa es mi primera prioridad.

Todos, ministros y laicos cristianos por igual, deben dedicar cada día por lo menos una hora completa para orar. A los ministros les digo que tienen que orar un poquito más largo.

«Tómense regularmente tres horas cada día, para orar y ministrar a Dios».

Aunque esté muy ocupado siempre oro una hora, pero regularmente oro al Señor tres horas cada día. Cuando oro, no permito que nadie venga e interrumpa mi oración. Entro a mi cuarto de oración en mi oficina, e instruyo a mi secretaria para que no permita a nadie llamar a mi puerta, excepto al mismo Jesucristo.

En toda nuestra vida, Dios es lo más importante. No hay nada más importante que ministrar a las necesidades de Dios.

Después de haber orado una hora, por lo general cuando voy a ministrar a las necesidades de la gente siento la hormigueante sensación de la presencia de Dios.

Si usted tiene un verdadero deseo de conocer a Dios, debería pasar un tiempo más largo con el Señor, ministrándole. Mientras ministro al Señor, le alabo, le agradezco, le alabo otra vez, le agradezco otra vez, y otra vez y otra vez. Recuerdo todas las cosas buenas que Dios ha hecho en mi vida y le alabo por ellas. Le alabo por el sol, por la luna, por las estrellas. Le alabo por el aire que respiro y por el agua que bebo. Le alabo por el fruto, por todo, sea grande o pequeño, y le agradezco y le adoro.

Hay una diferencia definitiva entre pedir que Dios le dé algo y darle gracias y alabanzas. Deberíamos alabar a Dios y agradecerle antes que pedirle que nos dé algo.

Muchas personas se equivocan en esta área, y pierden muchas bendiciones en sus vidas por no darle alabanzas y gracias al Señor. Debemos tomarnos el tiempo necesario para repetir una y otra vez las palabras de gracias y las palabras de alabanzas al Señor. Solamente entonces sentiremos una gran satisfacción en nuestros corazones. Veremos la sonrisa de agrado en el rostro de Dios. Experimentaremos la sensación hormigueante de la presencia de Dios.

Hace algún tiempo, el 17 de octubre a las cinco en punto de la mañana, estaba en San Francisco para tener una conferencia para la gente coreana allí. Había 100.000 coreanos que vivían en Bay Area, así que me pidieron expresamente venir y tener una conferencia para ellos.

Por lo general no viajo lejos para ministrar a la gente coreana que haya allí, pero en esta ocasión acepté su invitación. Me encontraba en San José, cerca de la gran ciudad de San Francisco.

Antes de salir de Corea, había pedido a un abogado de la segunda generación de coreanos americanos, que conocí en América, que confirmara mis reservaciones en el Embassy Suite Hotel de Santa Clara. Yo no soy el tipo de persona descuidada. Cualquier cosa que hago lo reviso y lo vuelvo a revisar, y lo reviso otra vez.

Le envié a este abogado un telegrama, un télex, y el me confirmó y me reaseguró:

«Pastor, no se preocupe. Soy un abogado. Pedí a mi secretaria hacer los arreglos para que pueda quedarse en el Embassy Suite Hotel. No se preocupe».

Así que dejé de preocuparme.

Poco tiempo después, salí de Corea e hice mi viaje a San Francisco. Cuando nos bajamos del avión en San Francisco, los coreanos que vivían allí nos dieron la bienvenida. Después de pasar por las aduanas y por la multitud que nos daba la bienvenida, busqué al abogado y le pregunté:

«Está hecha mi reservación, ¿verdad?» Él no respondió a mi pregunta.

«¿Que pasó?», le pregunté otra vez, ante su silencio.

Nos dirigimos hacia San José. Nos llevaron y nos registraron en un bonito hotel muy pequeño. Yo estaba contrariado.

«Se suponía que debíamos quedarnos en el Embassy Suite Hotel. ¿Por qué nos han traído a este pequeño hotel? Estaba muy molesto. Continué:

«¿Cómo puede usted llamarse un abogado? Le pedí hacer cierta clase de reservación. ¿Cómo pudo cometer semejante equivocación?»

Finalmente abrió su boca y me dijo:

«Lo siento muchísimo. Mi secretaria nunca antes en su vida ha cometido semejante equivocación. Le pedí enfáticamente que hiciera los arreglos, pero a ella se le olvidó por completo».

Durante mi estadía en San Francisco, se realizaban los juegos del campeonato mundial de béisbol, de manera que los hoteles estaban llenos a toda su capacidad. No había habitaciones disponibles.

Temprano en la mañana nos llevaron a un pequeño Ramada Inn, en las afueras de San José, cerca de Santa Cruz. Allí fue donde ocurrió el terremoto. En realidad, el hotel fue el epicentro del terremoto. Sin dejar de reclamar, finalmente nos registramos.

Al siguiente día oré y oré fervientemente. A las cinco en punto de la mañana me sentí que estaba lleno del Espíritu Santo.

«Esta noche voy a dar un doble golpe en la nariz del diablo, porque siento una hormigueante sensación en mi alma. Esta noche se van a realizar grandes milagros».

Apenas me senté en la silla todo el edificio comenzó a traquetear y a sacudirse. Nunca hubiera siquiera soñado que habría un terremoto en América. Si hubiera estado en Tokio lo hubiera esperado.

Había ido a Japón en algunas ocasiones para dirigir una campaña que se proponía ganar a 10 millones de japoneses para Cristo. Siempre que voy al Japón oro al Señor: «Señor, mantén lejos el terremoto mientras yo esté en Japón, pero cuando salga de aquí puedes traerlo de regreso».

Tengo un terrible sentimiento ambivalente en mi corazón hacia los japoneses. En mi espíritu los amo, pero en mi mente humana los detesto. Estuvimos bajo su ocupación por 36 años y sufrimos tales atrocidades de parte de sus policías y soldados, que no puedo olvidarlo mientras viva.

Por eso, estando en el Japón siempre pido a Dios que me salve del terremoto. Pero en San Francisco, el amado país de la libertad, ¿por qué tendría Dios que enviar un terremoto?

Al poco rato, no solamente temblaba el edificio, sino que todo el cielo y la tierra comenzaron a temblar. Vino un temblor mayor y sacudió toda el área. Mi hotel se balanceaba treinta grados a la derecha y luego a la izquierda. Si hubiera sido un balanceo lento a lo mejor la hubiera disfrutado, pero era terriblemente rápido. Era como si Dios hubiera bajado, hubiera tomado ese edificio y lo estuviera retorciendo. Me movía hacia atrás y hacia adelante. No me daba tiempo para orar.

Muchas personas dicen de los pastores que mueren en grandes desastres: «Era una buena persona y un cristiano devoto, estoy seguro de que mantuvo su compostura y murió con una oración en su corazón».

Cuando comenzó ese terremoto, ya había terminado de orar. En medio del caos del terremoto no hubiera podido orar. Fui tan fuertemente sacudido y el edificio se movía tan rápido, que lo único que pude decir era: «Oh, oh, oh, Dios».

Tuve un extraño sentimiento en mi corazón que me hizo pensar que el fin de mi vida estaba cerca. Dije: «Señor, te he servido por más de treinta años. Finalmente, voy al cielo donde tú estás, directamente desde San Francisco».

El edificio se sacudió un segundo, luego dos, tres, cuatro, cinco, seis, siete, ocho, nueve, diez. Me parecía una eternidad.

Cuando miré por la ventana (porque estaba sentado cerca de la ventana), pude ver a los carros en la carretera comenzando a zigzaguear y a amontonarse uno sobre otro. Chocaban entre sí.

Entonces vi que los altos y grandes edificios se derrumbaban como papel crepé. La carretera se partía, las luces se apagaron, y todo el lugar se convirtió en un mundo primitivo. No había electricidad, ni agua, ni gas. Repentinamente, con la caída de los edificios, cientos de personas quedaron enterradas bajo los escombros. Cuando miré mi cuarto, este comenzó a cuartearse. Sabía que el edificio iba a derrumbarse, de manera que estaba listo para saltar de la ventana del quinto piso.

Desde que viajo constantemente, cuando voy a un hotel lo primero que busco es una vía de escape en caso de que se declarara un incendio en el hotel.

Una vez en California estaba en el 18 piso del hotel, y alrededor de la una de la mañana el hotel se incendió. Se fueron todas las luces. El Dr. Cha había ya corrido al primer piso y me llamó por teléfono: «Pastor, el hotel se incendia». Una señal de alarma sonó por todo el hotel. Estaba muy oscuro.

Salí de mi cama muy asustado. Olía el humo que llenaba mi habitación.

No tuve tiempo de vestirme. Desde esa ocasión me propuse usar siempre pijamas cuando voy a acostarme.

Estaba muy tenso, no tuve tiempo de ponerme ni camisa ni zapatos. Empujé la puerta. El vestíbulo estaba lleno de humo. Corrí a la salida de emergencia y bajé corriendo las escaleras desde el 18 piso hasta el primero. Esa fue una tremenda experiencia.

Por esa razón, cuando me registré en el Ramada Inn en las afueras de San José, miré alrededor para encontrar una salida de escape. De esa manera, si el hotel se incendiaba sabría por donde escapar.

Cuando miré fuera de la ventana del Ramada Hotel, vi que había una piscina. La medí y me figuré que podía saltar desde mi ventana a la piscina. Había solamente dos o tres metros de altura, y pensé que podría caer justo en medio de la piscina. Me había dicho a mí mismo que en caso de fuego podría saltar a la piscina desde el quinto piso.

Cuando el terremoto estaba en todo su apogeo, pensé que era el momento de saltar. No tenía escapatoria pues el edificio iba a derrumbarse y yo estaba dentro de él. Así que me incliné sobre el marco de la ventana para saltar, pero para mi gran asombro vi que no había agua en la piscina. Toda la tierra se movía hacia atrás y hacia adelante, de manera tal que el agua se había desparramado y se había salido de la piscina.

Entonces me vi cara a cara con la muerte.

En ese momento hice una rápida oración: «Te entrego mi iglesia, Dios. Te entrego mis cristianos y mis tres hijos que están creciendo. Siento mucho dejar a mi esposa».

Entonces el terremoto cesó. Oh, alabé a Dios por haber estado solamente en el quinto piso del Ramada Inn. Si hubiera ido al Embassy Suite Hotel, hubiera estado en el 20 piso. Si ese edificio se hubiera sacudido estando yo en el 20 piso, creo que hubiera sufrido un ataque al corazón. Por eso alabé al Señor que estaba solamente en el quinto piso.

La otra cosa por la que alababa al Señor era porque si me hubiera quedado en el Embassy Suite Hotel, hubiera regresado a casa con cinco ataúdes, con los cuerpos muertos de los cinco ancianos de mi iglesia. Los ancianos de mi iglesia se me adelantan siempre una hora y se quedan esperándome en la cafetería del hotel. Cuando estoy listo para salir, entonces ellos me escoltan hasta el lugar de la reunión. El día del terremoto, todos ellos estaban ya en la cafetería del Ramada Inn.

En ese momento, en el Embassy Suite Hotel la cafetería se derrumbó y las seis personas que estaban comiendo allí fueron aplastadas. Si yo me hubiera quedado en ese Hotel, los ancianos hubieran sido todos aplastados. Hubiera tenido que llevarlos de regreso a Corea en ataúdes. Hubiera sido una gran catástrofe.

Lo sorprendente es que Dios sabía lo que iba a pasar, de manera que cuando pedí al abogado confirmar y reconfirmar la reservación, Dios tomó el borrador y borró esto de la mente de su secretaria. Ella lo olvidó totalmente porque Dios intervino. Las vidas de nuestros ancianos fueron salvadas de las fauces de la muerte. Dios es Jehová Jireh.

Cuando adoramos a Dios y ministramos a las necesidades de Dios, Él llena nuestras necesidades. Dios se hace cargo de todas nuestras necesidades.

Cuando regresé a Corea tenía un montón de trabajo sobre mi escritorio esperándome, pero me despreocupé de esa clase de trabajo. Me preocupé de que tenía que adorar a Dios primero.

Cuando realmente adoro a Dios, Dios se siente satisfecho. Me da su sabiduría, su conocimiento, su capacidad y su poder en mi corazón. Con la gran confianza y habilidad puestas por Dios en mi corazón, voy y cumplo con todos los asuntos de la iglesia. Puesto que Dios me ha ungido, puedo ahora resolver esos asuntos muy rápidamente.

Pero si Dios no me unge, me llevaría horas y horas, y días y días hacer y resolver esos asuntos. Una vez que Dios le ayuda usted puede terminar todo su trabajo rápida y fácilmente. Esa es la razón por la que me tomo mucho tiempo para orar. No me preocupo de ningún otro asunto. Si Dios está conmigo, puedo resolver cualquier problema.

Como dijo Mr. LaGuardia en Nueva York: «Cuando tengo mi fe en Dios y confío en mí mismo, puedo resolver todos los problemas». Tiene razón. Cuando usted tiene verdaderamente fe en Dios, entonces la habilidad que Él le da, junto con la confianza que hay en su corazón, podrán resolver todos los problemas.

## Oración: Un pasaje a la santificación

Todos somos salvados por la fe en Jesucristo. Por la fe en Jesucristo somos declarados justos. De esa manera somos perdonados y hechos justos. No es por las buenas obras que llegamos a ser justos, sino que somos justos por el perdón y la gracia de Dios. Después que hemos sido salvados, debemos ser santificados. La santificación es de extrema importancia en nuestra vida. Debemos ser santificados de todas las sucias obras de la carne. El proceso de santificación solamente se realiza mediante un profundo arrepentimiento y dependencia del Espíritu Santo. El proceso de santificación se cumple cuando oramos y venimos a la presencia del Señor.

Cuando yo vengo a la presencia del Señor no puedo esconder nada de Él. Puedo esconder muchas cosas de mis amigos y hasta de mi esposa. En realidad, había estado escondiendo de mi esposa algún dinero.

En Corea, los esposos entregan los cheques de su salario a sus esposas. La costumbre en Corea es que el dinero que yo gano debe ser entregado a mi esposa. En Corea, las mujeres tienen gran poder económico. Los hombres ganan su dinero y entregan todo su salario mensual a sus esposas. Si usted retiene algo del dinero, su esposa le reclama.

Mi iglesia ni siquiera me entrega el sobre de mi salario a mí. Todo, el salario y el sobre, lo entregan directamente a mi esposa. Si necesito dinero tengo que ir donde ella y rogarle que me lo dé. Entonces ella siempre me pregunta: «¿Para qué necesitas este dinero? ¿Dónde vas a gastar este dinero?»

Soy un hombre adulto y tengo muchos lugares donde puedo gastar mi dinero. Sostengo a mi padre y a mi madre. Muchas veces me gusta comprarles un regalito especial. De manera que cuando me venía algún dinero extra, lo escondía. Muchas veces ponía el dinero entre las páginas de un libro que lo volvía a colocar en el estante. Ese era mi banco.

Una vez, mi esposa descubrió mi banco secreto. Estuve en una situación terrible en esa ocasión.

Me encontraba en los Estados Unidos dirigiendo una cruzada. Cuando llamé a mi esposa por teléfono, ella me dijo: «Nos estamos mudando. Mientras estás allí sacaré todas nuestras cosas y las trasladaré a otro departamento».

En ese momento me acordé del dinero que tenía en el libro del estante. Así que le dije: «Querida, espera hasta que llegue a casa. No necesitas apurarte mudándote a otro apartamento. Por favor, espera otra semana. Cuando regrese te ayudaré».

«No. No necesito tu ayuda. Antes de que vengas trasladaré todo y tendré todo listo para darte la bienvenida». Ella no admitía ninguna réplica.

«Si mezclas los libros de mi estudio, no podré volver a arreglarlos porque solo yo sé el orden de los libros en el estante. Por favor, no toques mis libros», insistí.

«No te preocupes. Solamente los amontonaré en orden, luego volveré a ponerlos todos correctamente». Yo sabía que estaba librando una batalla cuesta arriba.

«Tú no conoces el orden de los manuscritos especiales que están dentro de los libros, así que no toques los libros», insistía, con un tono de angustia en mi voz. Mi esposa comenzó a sospechar.

«¿Por qué estás tan preocupado por tus libros? ¿Hay algo en tus libros que yo no deba saber?» Me tenía arrinconado y yo sentía que podría darme una zarpazo si persistía en mi actitud.

«Está bien entonces. Sigue adelante y múdate según tus planes».

En el proceso de la mudanza mi esposa encontró todo el dinero que yo había escondido en los libros. Por supuesto, me confiscó todo. Mientras vivimos en este mundo, no importa cuánto nos esforcemos, no podemos siempre vivir una vida de perfecta honestidad. Todos tienen un secreto o dos que ni siquiera sus esposas lo saben.

Pero cuando venimos al Señor, no tenemos ningún escondite. Dios lo sabe todo. Así que cuando oro, abro mi corazón y le confieso todas las cosas que he escondido de mi esposa e hijos, parientes y amigos, y entonces comienza el proceso de santificación.

Un famoso evangelista americano fue separado del ministerio el año pasado. Uno de sus amigos más cercanos trabajó conmigo un tiempo. Él me decía una y otra vez: «Ustedes, en Corea, en realidad oran». Él viajaba con nosotros y hacía programas de televisión.

«¿No oran en su organización?», le pregunté.

«¿Orar? ¡Olvídelo! Solamente cuidamos nuestros empleos. Ese evangelista destituido el año pasado lloró delante de las cámaras con verdaderas lágrimas. Estaba llorando de verdad. Pero después de la grabación, se rió e hizo chistes como si nada hubiera pasado. En otras palabras, después de eso regresamos a la vida normal, como siempre. ¿Oración? ¿Qué oración?»

Yo estaba confundido.

«Pero», le dije: «Les he visto a usted y los otros orar en las grabaciones. ¿No estaban realmente orando, entonces?»

Él se sorprendió. Me dijo que no oraban realmente, sino que solamente cerraban los ojos para la grabación. No oraban realmente. Me quedé sorprendido sin entender cómo podían llevar a cabo su ministerio sin oración.

Una persona que ora, si ha cometido un pecado contra Dios y se arrepiente, Dios perdona su pecado. La obra del Espíritu Santo es santificar las vidas de los cristianos. Sabiendo esta verdad, no puedo hacer otra cosa sino orar a Dios. Si ese evangelista hubiera en verdad orado a Dios honestamente, no hubiera caído en semejante vergüenza.

Honestamente, cuando oro lo confieso todo. Cada día confieso en detalle las cosas que pasan en mi vida. Entonces comienza el proceso de santificación. La sangre de Jesucristo viene y me limpia y el Espíritu Santo escudriña todos los rincones de mi vida.

Orar es muy, muy necesario para tener santificación en la vida. Sin santificación y rectitud, toda su fe cristiana pierde su fundamento. Usted puede ser un cristiano ferviente y puede conocer la Biblia de tapa a tapa, pero si no tiene rectitud y santificación en su vida, entonces no tiene fundamento. En cualquier momento puede caer. En esta generación debemos predicar fuertemente sobre la santificación y la rectitud. Eso es muy necesario.

Está escrito en Levítico 19.2: *Habla a toda la congregación de los hijos de Israel, y diles: Santos seréis, porque santo soy yo Jehová vuestro Dios»*. Y en Juan 17.17: «*Santifícalos en tu verdad; tu palabra es verdad*.

En otras palabras, las personas no son santificadas por alguna acción moral o por alguna meditación sobre los principios morales, sino mediante la Palabra y la oración. Esta es la razón por la que debemos orar por lo menos una hora al día.

La santificación está disponible solamente mediante la oración. Esa es la razón por la que oro más de una hora, y lo confieso todo. Entonces puedo sentir la hormigueante presencia del Espíritu Santo en todas la fibras de mi ser. Me siento tan limpio y justo y un gran gozo inunda mi alma. Eso es posible solamente mediante la oración.

Muchas personas dicen: «Soy bautizado en el Espíritu Santo y hablo en lenguas». Pero una vez que usted es bautizado, su hablar en lenguas puede convertirse solamente un simple ritual. Muchas personas hablan en otras lenguas pero no tienen poder en sus vidas. El hablar en lenguas no es una garantía de poder. La santificación es la fuente de poder. Cuando tiene rectitud y santificación, entonces cuando habla en lenguas, se llena de poder.

Yo hablo mucho en lenguas. Eso me ayuda en mi vida de oración personal. Puedo liberar mi profunda emoción al hablar en lenguas. Ese lenguaje de oración es una maravillosa bendición, pero si usted carece de la rectitud y la santificación, ni siquiera ese don de lenguas es demasiado valioso para su vida.

Cada día debemos ser llenos del Espíritu Santo y llegar a ser más como Cristo.

## Oración: El poder que aleja a los demonios

En la actualidad, la Iglesia ha tomado muy a la ligera su responsabilidad de enseñar a los cristianos con respecto al poder del demonio. Por supuesto, la autoridad de Satanás ya fue conquistada en la cruz hace dos mil años, pero él todavía no ha sido encerrado en la eterna mazmorra. Los demonios todavía están sueltos en la tierra y todavía andan por todas partes tratando de engañar a la gente. En realidad ya han sido derrotados una vez, pero todavía necesitamos combatirlos y echarlos fuera de nosotros.

Jesucristo los conquistó en la cruz, pero Dios dio la responsabilidad de echarlos fuera, a la iglesia y a cada cristiano. Cristo los derrotó, pero usted debe echarlos fuera. No se supone que derrote al diablo y su cohorte, puesto que todos ellos ya han sido derrotados. Usted solamente debe echarlos fuera, de manera que no vayan por allí molestando a los hijos de Dios (Santiago 4.7).

Esa es la razón por la que cuando Cristo dejó este mundo, sus últimas palabras antes de ascender a los cielos fueron: «En mi nombre echarán fuera demonios» (Marcos 16.17). Y este fue el último pedido de Cristo a los cristianos. Echar fuera demonios es algo sumamente importante.

El diablo está por todas partes con sus espíritus demoníacos, tratando de engañar a la gente. Hay espíritus inmundos, hay espíritus malignos, hay espíritus de adivinación, y hay espíritus de mentira. Toda clase de espíritus están alrededor tratando de oprimir a la gente. De manera que debemos librar una guerra contra ellos.

Usted puede librar una guerra contra ellos solamente mediante sus oraciones, porque ellos están en el plano espiritual. Cuando ora ellos le desafían, porque antes de que usted entre en la presencia del Espíritu Santo, debe pasar por ese mundo espiritual. Primero, debe combatir al diablo y su cohorte.

Esa es la razón por la que le digo que debe orar más de una hora. A mí me toma por lo menos treinta minutos romper esa muralla y entrar en la presencia de Dios. Cuando me arrodillo y trato de orar, todos esos espíritus vienen y tratan de estorbar mi oración. Siento comezones en todo el cuerpo, luego siento dolor en mis articulaciones, y varios pensamientos me vienen a la mente:

«Cho, ¿por qué no te vas a dormir? Puedes orar mañana. Tienes dolores y estás cansado. Siento pena por ti. Has estado orando tan fielmente. ¿Por qué no oras después?»

El diablo pone todos estos pensamientos en mi mente. Así que oro y oro para derrotar esos pensamientos y esos sentimientos que tengo en mi cuerpo físico. Cuando todos esos pensamientos inútiles bullen en mi mente, los echo fuera y sigo orando. Repentinamente me siento libre. Entonces cuando me libero de las cadenas del diablo puedo entrar en la presencia del Espíritu Santo. En ese momento comienza la verdadera oración.

Antes de que se abran paso entre los espíritus que los obstaculizan y las paredes que los limitan, muchas personas dejan de orar, de manera que sus oraciones nunca llegan a Dios. Antes de alcanzar a Dios, ellas dejan de orar.

Orar cinco o diez minutos cada día está bien. Es mejor que no orar nada. Pero si usted ora cinco o diez minutos, apenas raspa la superficie y hace al diablo lo suficiente miserable como para que lo coloque en peores problemas.

Un día llegué a casa sintiéndome muy incómodo en mi corazón. Estaba intranquilo, deprimido, infeliz.

Después de la cena teníamos un culto familiar. Reuní a mis hijos, pero ese día no quise leer la Biblia. No quise exponer la Biblia y le dije a mi esposa: «¿Por qué siempre me pides que dirija los devocionales familiares? ¿No puedes hacer eso?»

«Tú eres el pastor», dijo ella. «Yo no soy el pastor. Tú eres el pastor legítimo en nuestro hogar. Hasta eres superior a mí, porque siempre estás ordenándome y dirigiéndome. ¿Por qué no continúas y diriges el culto tú? Yo no estoy preparada para hacerlo. Anda, hazlo tú».

De manera que fui forzado esa noche a leer las Escrituras y orar, pero eso fue solamente algo ritual. Después del culto familiar me retiré. Mi esposa se durmió rápidamente pero yo no podía dormir. Me estaba revolviendo sobre la cama. Me sentía deprimido. Cuando miré a mi esposa, ella dormía apaciblemente, pero yo la vi muy fea en ese momento.

«Oh Dios mío, ¿por qué me casaría con esta mujer?» Ese mismo sentimiento negativo se derramaba sobre mi ministerio.

«Odio ser ministro. ¿Por qué tengo que predicar cada domingo?»

Me di cuenta de que algo estaba mal en mi vida. Me levanté de la cama, me fui a la sala y traté de orar, pero no pude. Sentía como si estuviera tratando de hacer algo imposible. Odiaba a todo, a mi esposa, a mis hijos, a mí mismo, a mi trabajo, a mi iglesia, a mi ministerio, a todo.

En ese momento no me di cuenta que estaba siendo manejado por Satanás. Era Satanás el que agitaba mis emociones de negatividad y descontento.

Me forcé a mí mismo para orar. Oré y oré y oré y oré. Después de treinta minutos oí una gran explosión desde mi corazón. Entonces oí un muy, muy extraño sonido penetrante. Todos los cristales de la ventana se sacudieron. Estaba asustado sabiendo que algo había explotado.

Al momento me sentí libre de esa depresión. Mi corazón se llenó de la presencia de Dios. La justicia, la paz y el gozo llenaron mi corazón completamente. Sentí como si estuviera en el cielo. Estaba lleno de gozo.

Entonces algo sucedió. Descubrí que el demonio de la opresión me había dejado. El diablo era tan real que pude oír el sonido del diablo saliendo, era como el sonido de una explosión, hasta el cristal de la ventana se sacudió. Cuando el diablo se fue, yo era una persona totalmente cambiada. Estaba lleno de amor y alabé a Dios y lloré.

Entonces regresé a mi dormitorio, y cuando miré a mi esposa, ella estaba tan hermosa que dije: «¡Oh Dios, qué afortunado soy, me casé con una maravillosa y hermosa mujer!» ¡Qué cambio en mi personalidad en esos pocos minutos!

Cuando estaba oprimido por Satanás, todo mi punto de vista estaba manchado por el diablo y no podía ver con mi vista normal. Pero cuando fui liberado de la opresión de Satanás, toda mi personalidad cambió y tuve un diferente punto de vista en mi vida.

Sus circunstancias no van a cambiar, pero usted puede cambiar para bien o para mal frente a ellas. Muchas personas están bajo la opresión del diablo de manera que han llegado a desarrollar puntos de vista negativos sobre Dios, sobre el trabajo, sobre la familia, sobre la esposa y los hijos. Muchas personas piensan que esa es su propia naturaleza debido a su preparación, su ambiente educacional, etc., pero eso es un error. Estas personas están bajo la influencia del poder satánico. Una vez que son liberadas, llegan a ser completamente cambiadas.

Si no echa los demonios todos los días, el diablo vendrá y su primer ataque será obsesionar su mente. Usted puede pensar que eso no es nada sino un pensamiento pasajero, pero esa es la obra del diablo que viene primero a obsesionarle, luego la obsesión se tornará en opresión. El diablo le oprimirá.

¿Le ha pasado esto a usted? Cuando mucha gente de este mundo es oprimida por el diablo y las cosas no marchan bien o enfrentan dificultades, culpan a su destino. Sin embargo, una vez que es quitada la presión de los demonios, ellos llegan a ser nuevas personas.

Cuando hay tres coreanos reunidos, dan cuatro ideas sobre qué hacer. Es muy difícil controlarlos. Muchos coreanos tienden a ser testarudos en sus opiniones. Muy a menudo veo como el diablo produce conflictos entre las personas. La obra del diablo es romper la unidad entre la gente plantando semillas de celos, odio e inquietud. Por lo tanto encuentro necesario estar siempre alertas ante la realidad de estos demonios, y echarlos fuera prontamente.

Cuando sucede algo en la reunión de nuestra junta, en vez de argumentar voy a mi cuarto y oro; «A ti te digo, espíritu maligno, en el nombre de Jesucristo te ato. No puedes hacer ningún daño a mi junta. Te ato. Te echo fuera en el nombre de Jesucristo».

Más tarde, cuando regreso a la reunión, los hombres que estaban causando el problema han cambiado repentinamente. Han sido liberados de la influencia del espíritu malo. Siempre he estado atando a los malos espíritus sobre los miembros de la junta, sobre los diáconos, y sobre todos los grupos de la iglesia. Por medio de la oración y echando fuera demonios por 35 años, he podido mantener mi iglesia en la paz y la unidad del Espíritu Santo.

Muchas personas descuidan esto. Sin embargo, puesto que el diablo está allí para matar, robar y destruir (Juan 10.10), lo primero que debemos hacer es atarlo y echarlo fuera en el nombre de Jesucristo. Muchos hogares están destruidos porque no saben cómo atar a los espíritus malignos y echarlos fuera. Muchos jóvenes son hijos e hijas pródigos, porque sus padres no ataron ni echaron fuera de sus vidas al demonio.

Nuestra responsabilidad es tomar al demonio, atarlo y echarlo fuera. Después de que descubrí esa verdad la he enseñado enfáticamente a mis cristianos. En mi propia vida trabajo en esto constantemente.

Al comienzo de 1973, Dios me llamó al Japón para dirigir una campaña que pretendía alcanzar a diez millones de japoneses para Cristo. Resistí este llamamiento pero Dios estaba determinado a enviarme al Japón, y no tuve otra alternativa que aceptarlo. La mayoría de las iglesias japonesas tenían una membresía de alrededor de veinte. Cuando fui para dirigir una reunión de avivamiento, alrededor de cincuenta a cien personas asistieron al servicio de adoración. En mi país, o en cualquier parte del mundo, estoy acostumbrado a predicar a multitudes de diez mil, veinte mil y hasta cincuenta mil personas, de una vez. Predicar a un grupo tan pequeño requería de un nuevo dominio de mí mismo.

Esa era la razón por la que no me gustaba mucho Japón. Cuando salía de Japón después de una cruzada allí, me decía:

«Nunca regresaré. Esta es mi última visita aquí». Pero cuando regresaba a Corea, comenzaba a hacer nuevos planes para tener una cruzada en Japón, porque el Espíritu de Dios estaba sobre mí.

Una vez estaba en el Royal Hotel en Osaka, Japón. Estaba tan cansado que me dormí profundamente. En medio de la noche fui repentinamente despertado. Mi habitación estaba muy fría, aunque era un día de ardiente verano. Tenía la sensación de que había una viscosa y pegajosa presencia en mi cuarto.

Mi corazón me latía con fuerza. Todo mi cuerpo estaba como carne de gallina. Sentía que mi pelo estaba parado. Tenía miedo. Aunque mi cuarto estaba muy oscuro, podía sentir una fuerte presencia. Entonces descubrí a alguien sentado al otro lado de mi cama. Reconocí que era un espíritu maligno. Me dijo: «Vas a morir esta noche».

Sabía en mi corazón que eso era mentira. El diablo trataba de poner temor en mí. Pero de todos modos estaba muy asustado. En ese momento, los ancianos que habían venido conmigo estaban en la otra habitación. Quise golpear su puerta y pedir ayuda. Cuando salía de mi cuarto con ese propósito, el Espíritu Santo me habló:

«Yonggi Cho, si huyes del diablo ahora, nunca más regresarás al Japón. Serás una persona derrotada. No huyas de Satanás».

Al mismo tiempo sentí la llenura del Espíritu Santo. Si no hubiera sido llenado con el Espíritu Santo en ese momento y allí, hubiera sido derrotado. Fuera de mí, el poder del diablo era enorme. Era un sentimiento tan pavoroso. El diablo tiene gran poder y estaba tratando de dominarme.

El Espíritu Santo continuó: «No corras, sigue orando».

Hice un acopio de todo mi valor y continué orando: «Oh Dios, salva mi vida, oh Dios cúbreme con la sangre de

Jesucristo. Tú demonio eres el único derrotado. No puedes hacerme nada».

El diablo se rió y repitió su amenaza de muerte aún con más fuerza.

Cuando batallamos contra Satanás y sus demonios, debemos recordar no ser engañados por la aparente fortaleza de los diablos. Más bien debemos ser más autoritarios en nuestra fe. Repetí mi oración con una voz aun más fuerte.

El diablo chilló de una manera que helaba los huesos: «¡Estás muerto!»

Mi corazón latía tan fuertemente que tuve miedo de que se me saliera del pecho. Por dos horas permanecí en ese lugar y oré que el Espíritu Santo me protegiera. Estaba empapado de sudor. El Espíritu Santo habló de nuevo:

«Cita las Escrituras. No pelees solamente con la lengua vernácula. Pelea con las Escrituras».

Le dije al diablo: «A ti te digo Satanás que está escrito en la Biblia que "en mi nombre echarán fuera demonios". Satanás, está escrito en la Biblia "resistid al diablo y huirá de vosotros". Satanás, está escrito en la Biblia que por la sangre de Jesucristo, el cordero de Dios y por la palabra de mi testimonio, tú eres derrotado».

Repentinamente, Satanás comenzó a temblar y a decir: «Oh, estás citando las Escrituras».

«Cielo y tierra pasarán, pero la palabra de Dios no pasará».

Continué con una seguridad aún mayor en mi voz. Esta fue la última paja sobre Satanás. En un instante se había ido.

Repentinamente mi habitación recuperó su calidez. La presencia de Dios llenó mi cuarto de hotel. Me sentí muy abrigado. El gozo y la presencia de Dios llenaron esa habitación.

Desde ese instante comencé a abrir brecha en el Japón. Hasta esa ocasión había sido una batalla cuesta arriba. Pero desde ese día en adelante, las cosas comenzaron a caer delante de mí. El mundo evangélico comenzó a aceptarme. Aun el mundo incrédulo comenzó a aceptarme.

Ahora tenemos un auge en Japón. Tenemos nuestra iglesia principal en el centro de Tokio y uno en Oasaca. Estamos comenzando nuevas iglesias en todo Japón. Mis discípulos van y en menos de un año siempre tienen de doscientas a trescientas personas salvadas.

Ahora, cientos de estudiantes de la Escuela Bíblica están estudiando en Corea después de estudiar en Japón. Para su último término ellos vienen a Corea y permanecen en el Monte de Oración para aprender el sistema de oración, el sistema de células, y cómo dirigir los servicios de la iglesia. Estoy enviando a todas estas personas a Japón. Ahora tenemos una gran cosecha en Japón, porque esa noche resistí a Satanás.

En Europa y América la gente nace en culturas cristianas. En Corea y Japón nacemos absolutamente en culturas paganas. Cada aldea, cada pueblo, cada ciudad en una cultura pagana tiene sus propios dioses y sus propios demonios. Los demonios del área ocupan cierta área. Si queremos comenzar una iglesia en un área, debemos luchar primeramente contra los poderes malignos de esa área. Si no podemos echar al poder maligno del área, entonces no podremos comenzar una iglesia allí.

En tiempo de Daniel, el ángel vino y le dijo: *El príncipe del reino de Persia se me opuso durante veinte y un días* (Daniel 10.13).

Ciertamente hay áreas de principados y potestades. Hay demonios a cargo de América, Japón y las Filipinas, etc. Si se quiere comenzar un avivamiento, la gente debe ser primero liberada de las ataduras del demonio de esa área. Esto solamente puede lograrse mediante ayuno y oración.

Si trata de establecer una iglesia por medio de la predicación elocuente o del conocimiento teológico, fracasará, porque estamos en guerra contra el mundo espiritual.

Primero debemos atar al hombre fuerte. Luego debemos desatar a la gente de las ataduras de este hombre fuerte. Si no destruimos al hombre fuerte, ellos serán destruidos por el diablo.

Cuando hago mi trabajo en Corea y otras partes del mundo, primero trato de atar a los dominios, potestades y principados del área.

El apóstol Pablo dijo: *Porque no tenemos lucha contra sangre y carne, sino contra principados, contra potestades, contra los gobernadores de las tinieblas de este siglo, contra huestes espirituales de maldad en las regiones celestes.*

En Corea es muy fácil ganar almas para Jesucristo, porque los cristianos coreanos son cristianos de oración. Ellos oran día tras día. Tienen reuniones de oración muy temprano en la mañana. El viernes tienen reuniones de oración durante toda la noche. Hay Montes de Oración por todo Corea. El pueblo coreano ora mucho. Todo el aire sobre Corea está limpio de la influencia de Satanás. Esto hace que el ganar almas en Corea sea muy fácil. Donde quiera que vamos, en Corea, miles de almas se salvan.

En Japón, tratar de ganar a la gente de negocios o a la gente educada para Cristo, es muy difícil. Así que cuando fracaso, compro un boleto para que las personas japonesas vengan a Corea. Una vez que están bajo el cielo coreano, se salvan. Esto ha sucedido una y otra vez. Y ellos me dicen:

«Pastor Cho, ¿cómo es que no podíamos entender sus palabras cuando usted estaba en Japón? Vinimos a Corea y le entendemos perfectamente».

En Japón, sus mentes estaban tan nubladas por el poder del diablo que no podían entender mis palabras. Estaban confundidos. Sin embargo, cuando vinieron a Corea, donde el poder del Cielo es fuerte, y el poder del Espíritu Santo es el que gobierna, ellos enseguida vieron la revelación de Jesucristo y se salvaron.

Una vez, uno de mis amigos americanos, el capellán Vaughn, fue transferido de Alemania a Corea. Tuvo gran éxito en Corea. Cuando vino a Corea donde sirvió en el centro de Seúl en los Cuarteles Generales del Octavo Ejército, levantó una iglesia grande. Su iglesia estaba llena todos los domingos de soldados y oficiales norteamericanos. Miles y miles de los que estaban en el ejército se salvaron. Él estableció la más grande iglesia de soldados estadounidenses en el mundo. Estaba emocionado.

A veces visitaba mi iglesia y ministraba a mi congregación. Un día vino a mi oficina con una pregunta:

«Pastor Cho, ¿qué es lo que pasa? Cuando estaba estacionado en Alemania, predicaba el mismo mensaje que predico aquí, en Corea, pero los soldados allá no prestaban atención a mi predicación. Tuve muy pobres resultados, pero guardé todos mis sermones y los traje a Corea. Los refresqué y los prediqué a los soldados norteamericanos aquí. En Corea miles de ellos se han salvado. Tengo la iglesia de soldados norteamericanos más grande del mundo. ¿Cómo explica eso?»

Le dije: «Capellán Vaughn, usted es una persona muy afortunada. Usted disfruta charlando y hablando, pero no disfruta orando. Ahora está bajo el cielo coreano y está recibiendo todos los beneficios de los coreanos que oran. La gente coreana ora y el poder de los cielos se suelta. El Espíritu Santo está derramándose sobre la península coreana, y usted está viajando de gratis debido a las oraciones de los cristianos coreanos».

En 1958 cuando comencé mi primera obra pionera, oraba usualmente cinco horas diarias. Puesto que ahora tengo una iglesia grande oro solamente de una a tres horas. Cuando tenía una iglesia más pequeña oraba más. En aquella época fui al suburbio de la ciudad de Seúl y comencé a trabajar allí. Ellos tenían su demonio guardián sobre esa aldea. Tan pronto como fui allí, su sacerdote vino y me desafió. ¡Qué batalla tuvimos! Fue una batalla terrorífica. Finalmente, cuando derroté al espíritu guardián comenzamos a tener un avivamiento allí.

Los pastores deben planificar orar más de una hora. Si yo le pediría a usted orar más de tres horas diarias se asustaría, de manera que le pido solamente orar una hora al día.

Recuerdo que cuando comencé a orar más de una hora fue algo muy tedioso. Pensaba que ya estaba orando un tiempo largo, pero cuando miraba mi reloj habían pasado tan solo cinco minutos. Comencé orando una y otra vez. Poco después sentía que debía haber orado una hora. Miré a mi reloj otra vez y vi que habían pasado solamente veinte minutos. Orar por una hora es muy difícil.

En Getsemaní, Jesucristo oró toda la noche. Cuando salió de allí encontró a sus discípulos durmiendo. Les dijo: *Así que no habéis podido velar conmigo una hora? Velad y orad para que no entréis en tentación* (Mateo 26.40-41).

En Corea la llamamos la «Oración de Getsemaní». Pedimos a la congregación tener una hora de oración todos los días, de manera que no caigan en tentación.

Por medio de la oración puede atar al diablo y echarle fuera. Puede soltar el poder del Espíritu Santo y tener un avivamiento genuino.

## Dios responde mediante las oraciones

Ese es el principio de Dios. Cuando estaba en una gran reunión en los Países Bajos, muchos eruditos vinieron y me reprendieron. Los Países Bajos son países muy calvinistas. Los pastores son súper calvinistas allí. Vinieron y me preguntaron: «¿Por qué les anima a su gente a orar? Dios es supremo, y Él decidirá la respuesta. Usted no puede influir en las respuestas dadas por Dios a sus problemas. Dios es soberano y Él decidirá si responde o no».

Les repliqué: «No conozco de teología, pero conozco mi Biblia y allí dice orad en mi nombre y Dios responderá». Cuando oramos y creemos, Dios contesta, pero cuando no oramos, Dios no contesta.

En nuestra iglesia tenemos un servicio de consejería telefónica de 24 horas para los coreanos. Nuestros ministros esperan en turnos para recibir las llamadas. Cuando alguien llama, ellos le aconsejan y oran con Él. Sin embargo, muchas veces algunos ministros se duermen, por lo cual periódicamente los controlo por teléfono desde mi hogar.

En una ocasión, mi esposa se enfermó con una inflamación en su seno luego de tener nuestro segundo hijo. El médico no pudo curarla. Muchas veces puse mi mano sobre ella y oré, pero ella se reía entre dientes.

«¿Por qué te ríes?», le preguntaba.

«No puedo creer que Dios me cure a través de tu oración».

«No pienses de mí como tu esposo. Piensa de mí como un santo hombre de Dios». Cuando le decía esto, ella se reía aun más.

«Te he conocido por mucho tiempo. No puedo pensar de ti como nada más que como mi esposo».

Eso era horrible. Muchas esposas de pastores no piensan en sus esposos como santos hombres de Dios, porque conocen la naturaleza carnal de ellos. Aunque oré por mi esposa varias veces, ella no se sanó. En realidad se puso peor.

En esa noche particular, pensé que debía controlar a los ministros en la oficina de consejería telefónica, para ver si estaban todavía despiertos. Supe que reconocerían mi voz, así que pedí a mi esposa que los llamara. Cuando hizo la llamada, puso un dedo en un lado de su nariz para distorsionar su voz.

El teléfono sonó y el Pastor Pak recibió la llamada.

«Hermana, ¿qué problema tiene usted? Nuestro Dios es el todopoderoso Dios. Nuestro Dios puede curarle. En nuestra iglesia, nuestro pastor es maravilloso. Cuando oramos por usted y no se cura, usted viene y consigue una oración de nuestro pastor, y se curará».

Puesto que mi esposa tenía que ser sincera, respondió: «Tengo una inflamación del seno, está fluyendo gangrena y no puedo ser curada».

El Pastor Pak, dijo: «Solamente ponga su mano sobre su seno y yo oraré por usted». El oró por ella. Pude oírla decir: «Amén, amén», en respuesta.

Entonces mi esposa colgó el teléfono y se quedó muy seria. Pero yo me reí. Le dije: «Él es mi discípulo; es solamente una habichuela tierna. Es recién graduado del Colegio Bíblico y apenas licenciado. No sabe cómo orar muy bien. Tú recibiste oración de mí una y otra vez pero no te curaste. ¿Cómo puedes esperar ser curada con esa oración?». Me reí otra vez.

La siguiente mañana cuando ella se despertó estaba completamente curada. Cuando vi eso comencé a ver a la oración de diferente manera. Cuando usted ora, debe creer. Si no cree, nunca logrará nada.

Yo había orado fervientemente por mi esposa, pero ella no creía en mi oración. Sin embargo, ella creyó en la oración de mi discípulo y fue curada. Así que perdí mi autoconfianza en orar por mi esposa.

Dios contesta nuestras peticiones por medio de la oración. He orado a Dios por muchas, muchas cosas. Y Dios ha contestado mi oración de miles de maneras. Las respuestas de Dios son tan abundantes que no podría contar todas las historias. Me llevaría treinta años hacerlo. Cuando se tiene una congregación grande se tiene ciertos beneficios porque hay muchas historias que contar. Tengo más de 700.000 miembros, y por lo tanto tengo más de 700.000 historias que contar. Cuando predico, tengo muchas historias que contar porque Dios ha intervenido y ha resuelto muchos problemas por medio de milagros.

A través de la oración podemos ayudar a otros

Muchas veces el pastor no puede personalmente ir, aconsejar y orar con todas las personas necesitadas, pero cuando ora por la gente, la oración va más allá de los límites del tiempo y del espacio. Así que usted puede orar por sus parientes en otro país, o sus misioneros en África, y su oración obrará igual que si estuviera en presencia de ellos. Estamos constantemente orando por las necesidades de la gente porque nuestras oraciones vuelan hacia esas personas y cruzan por encima de las limitaciones de tiempo y espacio, y obran sobre esas personas y esas personas serán cambiadas.

Debemos orar por nuestra congregación diariamente. El poder de la oración salvará su nación y su pueblo.

En cada servicio de mi iglesia oramos por nuestra nación, por la salvación de nuestro pueblo, por la salvación del pueblo de Corea del Norte, por la prosperidad de nuestra nación, por el presidente de Corea y por los ministros. Oramos todos los domingos y todos los miércoles por estas personas.

La oración ha salvado a Corea muchas veces de la catástrofe. Hace poco, cuando tuvimos los juegos olímpicos en Corea, Corea del Norte planeó causarnos daño. Quisieron comenzar la guerra de guerrillas dentro de Corea. Quisieron destruir los juegos olímpicos.

Decidí tener una gran reunión de oración y movilicé a toda mi congregación. Fuimos a la plaza Yoido, frente a nuestra iglesia. Un millón de personas se reunieron allí. Todo el día oramos por la seguridad de los atletas, y por el éxito de los juegos olímpicos en Corea. Oramos fervientemente por nuestra nación. Oramos fervientemente por el éxito de los juegos olímpicos, durante todo el día.

Hasta ese momento había gran temor y tensión en el ambiente de Corea. La gente tenía miedo de los alborotos. Los estudiantes universitarios vinieron y montaron una manifestación y un motín, instigados por los agitadores comunistas.

Después de esa gigantesca reunión de oración, todo se aquietó. Hubo un histórico éxito de los juegos olímpicos de verano en Corea.

Después de los juegos olímpicos, nuestro país se enfrentó con la elección presidencial. Una vez más la nación estuvo en conmoción. La nación estaba en gran confusión. Estábamos sin saber qué hacer. Nos preguntábamos si nuestra nación podría resistir la conmoción política.

Una vez más movilicé a toda mi congregación y fuimos a la plaza Yoido. Más de 800.000 personas se reunieron allí. Muchos estudiantes y agitadores comunistas trataron de intimidarme y dijeron que me matarían. Por un mes no pude ir a mi casa. Me quedé en la iglesia durmiendo y comiendo allí, en mi oficina. Me estaban intimidando tan gravemente que envié a mi esposa e hijos a los Estados Unidos.

En el Día D, nuestra congregación se reunió y oró por nuestra nación, por la elección pacífica de nuestro Presidente. Entonces, en el nombre de Jesucristo, los 800.000 cristianos iniciaron una gran marcha desde la plaza Yoido hasta el centro de Seúl. Fue un gran espectáculo. Después de la reunión de oración, toda la nación quedó en paz. Tuvimos una maravillosa elección de Presidente en Corea.

Cada vez que tenemos dificultades en Corea, nos levantamos en oración. La oración derrota al poder maligno y trae la paz. Ahora, toda la nación conoce que nuestra iglesia es una iglesia de oración. La mayoría de los funcionarios del gobierno, cuando viajan, me piden ir y orar por ellos. Cuando tenemos un almuerzo, una fiesta, o una cena, los invitamos. También me piden orar por la nación.

Recientemente nuestra nación experimentó problemas económicos y tuvimos que pedir una fianza al FMI.

Toda persona en Corea sabe que la oración obra y especialmente las oraciones de nuestros cristianos. Cuando hay una gran dificultad en nuestra nación, nuestra iglesia se levanta y ora y las cosas comienzan a suceder.

Por medio de la oración, usted le da a Dios la oportunidad de intervenir en los asuntos humanos. Si no ora, Dios no puede intervenir. Cuando ora, está pavimentando el camino para que Dios venga e intervenga en su vida personal, en las vidas de su congregación y en la vida de su nación.

Creo firmemente que cuando ustedes se reúnen y oran, sucederán cosas tanto en el plano político, como en el plano económico. Dios depende de usted. Tanto como usted necesita de Dios, Dios lo necesita a usted. Cuando usted ora, Dios puede cambiar la situación y cambiar el curso de los acontecimientos.

Debemos orar individualmente, como iglesia, y como nación.

Solamente por medio del poder de la oración, el poder todopoderoso de Dios desciende y cambia el curso de la historia en nuestras vidas.

Hemos experimentado esto en Corea muchas veces. Tenemos la absoluta confianza en que Dios puede resolver todos los problemas. Ya no tenemos miedo de nada, en Corea. Si suceden cosas, nos reunimos y oramos, entonces Dios viene y resuelve el problema donde estamos.

En mi iglesia tenemos 5.000 almas que vienen a Cristo cada mes. Cada año, más de 60.000 personas se añaden a nuestra congregación. Esto es posible solamente mediante la oración ferviente. No usamos la ingenuidad humana ni la manipulación, acudimos a Dios y a las oraciones. La oración es la clave para el crecimiento de la Iglesia.

# Capítulo 6

# La clave para el crecimiento de la Iglesia: La oración del Señor

**D**ios busca a los que oran porque Él usa solamente a los que oran. Si usted ora, entonces puede ser usado por Dios. Aun ahora, como siempre lo he hecho, trato de desarrollar mi vida de oración todos los días. La vida de oración no es fácil. Debemos dedicar un tiempo especial para orar delante del Señor.

Orar de 10 a 15 minutos diarios no requiere de mucho sacrificio en nuestro horario. Sin embargo, debemos ponernos de rodillas y orar alrededor de una hora cada día.

En cuanto a mí, procuro orar más de tres horas diarias. Por supuesto, esto no quiere decir que más tiempo es mejor, pero es necesario crear el hábito de orar a Dios y tener compañerismo con Él.

Al principio, cuando trataba de orar una hora me era muy difícil. Pero después de poco tiempo, una hora no era suficiente. Entonces después de haber estado acostumbrado a orar una hora, el Espíritu Santo me dirigió para orar más de tres horas. Ahora siento que tres horas al día no son suficientes. Deseo que Dios me ayude para orar regularmente cinco horas diarias.

La oración es la clave para una vida cristiana triunfante, y es también el fundamento para el crecimiento de la Iglesia. Crecimiento de la Iglesia no significa solamente el número de personas que se reúnen en la iglesia, sino también la calidad de los cristianos.

En estos días estamos demasiado preocupados por los números, de manera que con el fin de atraer más gente las iglesias están creando muchos programas de entretenimiento. Podemos tener grandes cantidades de personas que asisten a las iglesias, pero la preocupación por la calidad de su vida cristiana ha sido dejada de lado; las personas vienen a la iglesia solamente para disfrutar del compañerismo cristiano. Para corregir esta situación debemos insistir en la oración, no solamente en las oraciones cortas, sino también en las oraciones más largas.

Por medio de la oración podemos llamar a Dios y tener compañerismo con Él. Por medio de la oración nuestra vida personal puede ser cambiada y podemos desarrollar una vida espiritual más profunda. Por medio de la oración podemos atar el poder de Satanás.

Nuestras oraciones deben ser dirigidas siempre a tres áreas:

*Oración dirigida a Dios en el cielo.*

*Oración dirigida a la vida humana.*

*Oración dirigida al mundo satánico.*

Mientras vivimos en este mundo físico, las oraciones a Dios son las más importantes. Necesitamos la capacidad para alzarnos por encima del ambiente mundano y entrar en el plano espiritual mediante las oraciones, y eso se puede lograr con las oraciones que salen de lo más profundo de nuestro corazón.

Nuevamente, aunque el tiempo que empleemos en la oración no la hace necesariamente más profunda, he descubierto que para que mi corazón se abra mucho más profundamente, necesito más que una corta oración que dure solamente 10 ó 15 minutos.

Para salir de esta situación mundana y entrar en el campo espiritual, necesitamos orar más largamente. Mientras más tiempo permanezcamos en el plano espiritual, más gloriosa será la experiencia de poder entrar en él, y mayor la gloria que cosecharemos en nuestras vidas.

Al comienzo de mi ministerio me era muy difícil orar oraciones largas. En esos días nadie me enseñó cómo orar, así que tenía mucha dificultad en orar 15 ó 30 minutos. Ahora he aprendido la técnica de cómo orar más largo. También he aprendido cómo orar de una manera más efectiva.

Con este conocimiento ahora puedo entrar en las oraciones de una manera más extensa. Este conocimiento de cómo orar no vino de nadie más sino de Jesús el cual nos enseñó la Oración del Señor. En la Oración del Señor, Jesús puso a nuestra disposición el método de oración que abre hasta lo más profundo de nuestro corazón:

*Padre nuestro que estás en los cielos, santificado sea tu nombre. Venta tu reino. Hágase tu voluntad, como en el cielo, así también en la tierra. El pan nuestro de cada día, dánoslo hoy. Y perdónanos nuestras deudas, como también nosotros perdonamos a nuestros deudores. Y no nos metas en tentación, más líbranos del mal; porque tuyo es el reino, y el poder, y la gloria, por todos los siglos. Amén* (Mateo 6.9-13).

## *Oración dirigida a Dios*

### Padre nuestro que estás en los cielos, santificado sea tu nombre

Hemos recitado esta oración mecánicamente por mucho tiempo, pero Jesucristo verdaderamente quiso que aprendiéramos y siguiéramos este modelo de oración. Así que debemos aprender cómo orar efectivamente y cómo orar más largamente mediante el modelo de la oración del Señor.

Yo oro regularmente tres veces al día: en la mañana, durante el día, y en la noche. Cuando oro, siempre modelo mi oración siguiendo el ejemplo de la Oración del Señor. Desde que aprendí a hacerlo así, nunca me he cansado de mi vida de oración.

Nuestras oraciones deben ser dirigidas a Dios.

Muchas personas vienen al Señor, e inmediatamente le piden que haga algo por ellos. Eso es dirigir la oración a sí mismos. Obviamente, esta no es la clase de oración correcta. Nuestra oración debe ser dirigida al Padre celestial y a su Hijo Jesucristo.

Para dirigir nuestras oraciones a Dios debemos comenzar con alabanzas y agradecimientos. La alabanza tiene un tremendo poder. Cuando no tengo suficiente tiempo para orar y sin embargo, tengo una difícil tarea delante mío, antes que pedirle directamente ayuda a Dios, solamente le alabo. Esas alabanzas abren las puertas del cielo y atraen el poder de Dios sobre mí. No puedo insistir lo suficiente en la importancia de la alabanza.

Cada mañana cuando comienzo a orar, paso un buen tiempo alabando a Dios y agradeciéndole, incluso esta mañana no le pedí que me ayudara de alguna manera. Solamente le alabé y le agradecí. Cuando le estoy alabando y agradeciéndole, siento enseguida al Espíritu Santo vibrando en mi alma. El Espíritu Santo inmediatamente responde a mi alabanza y agradecimiento. Me siento rejuvenecido en mi espíritu, alma y cuerpo.

En estos días debemos desarrollar la técnica de cómo alabar y agradecer a Dios. La alabanza es la parte más importante de nuestras oraciones.

Cuando oro, digo: «Oh Padre celestial, tú creaste los cielos y los cielos de los cielos. Tú creaste el sol, la luna, y esos millones y millones de estrellas. Tú eres un Dios grande. Tú eres un Dios fantásticamente grande. Te alabo. Te agradezco por esas creaciones. Te adoro y te alabo.

»Padre, tú creaste la tierra, el pasto y los árboles. Aprecio todo lo que tú eres y todo lo que has creado. Cuando veo a los diferentes pájaros volando libremente, cuando veo a todos los insectos y a toda clase de animales, me siento movido a agradecerte y adorarte por cada cosa. Me maravillo ante tu poder. Cuando veo los frutos provistos para los seres humanos, te agradezco. Te agradezco por todos los peces del mundo. Te agradezco por tu creación de la vida humana. Gracias por tu provisión de nuestro ser.

»Padre, gracias por tu gracia redentora en Jesucristo.

»Oh Padre, eres un Dios grande. Te amo. Te alabo. Te agradezco. Estoy conmovido por ti. Te adoro. Te adoro».

Dedico un buen tiempo para alabar a nuestro Padre celestial. Cada día trato de encontrar un diferente método de alabar a Dios de una manera aun más grande, y trato de encontrar el lenguaje apropiado para alabar a Dios. Quiero que Dios sea engrandecido en mi vida a través de mis palabras de alabanza.

Pero muchas personas le hacen a Dios muy pequeño en sus vidas porque no tienen el lenguaje de alabanza. En vez de poner su mirada en la grandeza de Dios y alabar su grandeza, subconscientemente olvidan su grandeza por no alabarle apropiadamente. Como consecuencia, están dominados y abrumados por los problemas de su vida.

Muchos cristianos piensan solamente en las circunstancias de su vida. En vez de eso, deben mirar a Dios y darse cuenta de cuán grande es realmente Dios, para entonces engrandecerlo en sus vidas.

Constantemente trato de encontrar un lenguaje para engrandecer a Dios en mi alabanza. Mientras más uso un hermoso lenguaje para alabar a Dios de una manera más grande, más grande fe siento en mi corazón. Entonces, me dirijo a nuestro Señor Jesucristo.

«Querido Jesús, te amo, te alabo.

»¡Cuánto me amas! Reconozco y aprecio todo eso. Moriste en mi lugar en la cruz. Sufriste grandemente por mi salvación. Te agradezco por tu carne lacerada. Aprecio tu sangre derramada. Te agradezco por tu sufrimiento. Te agradezco por el don de la justicia.

»Querido Jesús, gracias por tu Espíritu Santo. Gracias por tu sanidad divina. Gracias por tu especial redención de la maldición. Gracias por la vida eterna. Gracias por tu Segunda Venida. Te amo Jesús. Gracias porque ahora estás intercediendo por mí, a la derecha del trono de Dios. Jesús, eres mi salvador y te amo.

»Alabo tu nombre y proclamo tu nombre».

Entonces me dirijo al Espíritu Santo.

«Querido Espíritu Santo, tú estás conmigo y estás dentro de mí.

»Eres mi consolador. Tú has sido enviado para ayudarme cada día. Te amo. Eres mi maestro. Eres mi abogado. Eres mi revelador. Eres mi maestro que me discipulas.

»Tú siempre me guías. Tú siempre me fortaleces. Gracias por tu sabiduría y conocimiento. Te amo, querido Espíritu Santo. Oh, te doy la bienvenida y te amo. Te reconozco. Dependo de ti. Te seguiré. Oh, gloria a ti».

Entonces termino la fase de alabanza de mi oración.

«Oh, querido trino Dios, te adoro y te alabo».

Dedico suficiente tiempo para alabar al trino Dios. Sí, hablo hermosas palabras para exaltar la belleza y la grandeza de Dios en mi oración. Hasta ahora trato de aprender más palabras y frases para exaltar y expresar la bondad de Dios y la grandeza de Dios en mi vida de oración.

El lenguaje poético hermoso es muy importante en la oración. ¿Saben por qué Dios amaba tanto a David? David era poeta y usaba hermoso lenguaje poético para alabar a Dios y describir la imagen de Dios. Igualmente, nosotros también debemos usar hermoso y maravilloso lenguaje en nuestra oración y alabanza para describir la personalidad de Dios.

Durante mucho tiempo de mi ministerio no me preocupé de tener un lenguaje especial para alabar a Dios. Después de haber estado en el ministerio por cuarenta años, mientras más tiempo permanezco en el ministerio, más necesidad siento de un abundante vocabulario hermoso en mi oración y alabanza para describir a Dios y alabarle.

Cuando uso un hermoso y delicado lenguaje para alabar a Dios, siento el impacto del Espíritu Santo dentro de mí de una manera más grande. Muchas personas utilizan un lenguaje muy simple. Yo oraba de esa manera, pero ya no más. Trato de utilizar frases coreanas muy, muy delicadas para alabar a Dios.

De manera que alabo al Padre celestial, alabo al Señor Jesucristo, y alabo al Espíritu Santo. A veces dedico tanto tiempo para alabar a Dios, que no tengo tiempo para orar por ninguna otra cosa.

Cuando termino de orar al trino Dios, comienzo a recitar cada nombre de nuestro Padre celestial, y continúo alabando. En la Biblia hay siete nombres redentores de nuestro Dios Jehová:

*El primer nombre de nuestro Padre celestial es Jehová Jireh.*

«Jehová Jireh, alabo tu nombre. Tú provees todas mis necesidades. Tú conoces todas las cosas antes de tiempo, y tú preparas todo para mí, así que pongo mi confianza en ti. Oh, te alabo, te agradezco mi Jehová Jireh».

*El segundo nombre es <u>Jehová Rapha.</u>*

«Te alabo, Jehová Rapha. Te alabo, eres mi sanador. Sanas mi espíritu. Sanas mi mente. Sanas mi cuerpo. Eres el gran sanador. Me caliento bajo tu luz sanadora. Te amo. Tú eres un gran sanador. Tu poder sanador fluye a través de mi vida. Haz que la gente se cure a través de mi ministerio. Oh, Dios sanador, te amo. Tu nunca has cambiado. Que yo pueda llevar la sanidad de Dios a mi generación. Te agradezco, mi Dios sanador».

*El tercer nombre es <u>Jehová Nissi</u>.*

«Te amo. Eres mi estandarte. Tú peleas por mí. La guerra es tuya. <u>No necesito pelear yo.</u> <u>Tú peleas en mi lugar.</u> Tú levantas el estandarte de victoria en mi vida. Así que te alabo. Oh Dios, gracias. Creo que voy a tener la victoria durante toda mi vida, porque tu nombre es Jehová Nissi».

*El cuarto nombre es <u>Jehová Shallom</u>.*

«Tú eres mi paz. Cada día tengo tu paz en mi corazón. Que pueda llevar estas nuevas de paz por todo el mundo. Solo tu presencia trae paz. Te amo y te agradezco por tu paz. Te alabo Dios por tu abundante paz en mi vida».

*El quinto nombre es <u>Jehová Rohí</u>.*

«Dios mío, tú eres mi pastor. Has guiado mi vida por verdes pastos. Tú tienes el poder y la autoridad para dirigirme el resto de mi vida, y por eso te alabo. Tengo muchas cosas que me preocupan, pero no quiero poner obstáculos a tus obras con mi poder, porque tú eres mi pastor. Pongo todas las cosas en tus manos. Por tu poder y sabiduría tú resuelves todo para mí».

Tengo una gran carga que llevar sobre mis hombros cada día. Debo cuidar a los 700.000 miembros de mi iglesia. Superviso la gran montaña de oración, luego edito el periódico cada día, y también debo atender nuestro Colegio Bíblico. También dirijo un gran ministerio de obra social. Para todas esas cosas debo asegurarme que los pagos mensuales se hagan a tiempo. Tenemos programas de radio y televisión que se transmiten en Corea, Japón y América y en muchas otras partes del mundo. Todo eso pone una gran carga sobre mis hombros.

Muchas veces mi mente se siente agobiada con todos esos programas de mi iglesia. Cuando las cargas son demasiado grandes para que yo pueda llevarlas, vengo a Dios y deposito en Él mi carga. La Biblia nos dice en Salmos 55.22: *Echa sobre Jehová tu carga*, y en Salmos 68.19: *Bendito el Señor que cada día nos colma de beneficios el Dios de nuestra salvación. Selah.*

Recordando estas palabras oro a Dios.

«Jehová Rohí, tú eres mi pastor. Pongo todas las cosas en tus manos. La obra te pertenece a ti, no a mí. Esta es tu obra. No trato de hacer decisiones concernientes a tu obra. Solamente soy tu administrador. Cuando tú me diriges, trabajo según tu dirección. Te alabo Dios. Eres tú el que pone toda tu sabiduría y conocimiento en mi mente para manejar los negocios, así que te alabo porque tú eres mi pastor».

*El sexto nombre es Jehová Tsidkenu.*

«Tu nombre es justo. Yo no tengo mi propia justicia. Soy solamente un justo perdonado y mi justicia es de nuestro Señor Jesucristo. Alabo tu nombre porque tengo esta justicia en la justicia de nuestro Señor Jesucristo. Puedo venir a ti con toda confianza cada día. Te alabo por esta justicia. Por esta justicia tengo paz y gozo en mi vida, y te alabo por ese gozo.

*El séptimo nombre es Jehová Shammah.*

«Mi Padre celestial, tú estás siempre conmigo. Tu nombre es Jehová Shammah, y tu presencia está siempre conmigo. Yo puedo dejarte, pero tú nunca me dejarás. Alabo tu nombre. Te agradezco. Te adoro».

Con tales palabras dirijo la primera parte de mi oración de alabanza a Dios, agradeciendo a Dios y reconociendo el carácter de Dios en mi vida. Esto es sumamente importante.

Hemos sido llamados para ser siervos de Dios. Tenemos la responsabilidad de servir y ministrar a la gente en el nombre de Jesucristo. Sin embargo, también tenemos el deber de ministrar y servir a las necesidades de Dios. Esto debe venir antes de ministrar a la gente. Muchos de los siervos de Dios están tan saturados en sus pensamientos por ministrar a sus propias necesidades y a las necesidades de la gente, que se olvidan de su deber para con Dios. Tan pronto como llegan a la presencia de Dios, en vez de alabarle y agradecerle comienzan enseguida a rogarle que haga algo para llenar sus necesidades y las necesidades de la gente. Tales oraciones son las más inefectivas.

Muchas veces en mi oración ni siquiera menciono las necesidades de mi propia vida, ni las necesidades de la gente. Dios ya conoce esas necesidades. Pero si tengo suficiente tiempo después de alabar a Dios, entonces oro por las necesidades de mi congregación y las mías.

Mi principal preocupación es cómo alabar a Dios y cómo hacerle más grande en mi vida. Hágale a Dios grande en su vida. Dios es tan grande en su vida, como usted lo haga. Usted puede hacerle a Dios más grande en su vida, alabándole en gran manera. Así que dedique tiempo para alabar a Dios en su propio idioma, y hágalo muy grande en su vida. Entonces los cielos serán abiertos y el poder de Dios vendrá sobre su vida. Si desarrolla esta manera de alabar a Dios, será usado poderosamente por Dios en su ministerio.

### Venga tu Reino

«Que tu reino venga y gobierne en nuestra nación y en nuestro trabajo».

«Con la caída de Adán y Eva, este mundo fue entregado a Satanás y cayó bajo el dominio de Satanás. Hace dos mil años, el Hijo de Dios, el Rey de reyes, vino a este mundo. Tú le hiciste nacer de la virgen María, y por la cruz de Jesucristo,

Dios, tú estableciste el Reino de los cielos en la historia humana».

Desde la eternidad, Jesucristo coexistió con el Padre como el trino Dios (Juan 1.1). Entonces Jesucristo vino a este mundo encarnado en un cuerpo físico para redimir al hombre de sus pecados por su sangre derramada en la cruz (Marcos 10.45; Juan 3.16). Después de morir en la cruz, al ser resucitado al tercer día, Cristo destruyó el dominio de Satanás sobre la humanidad y proveyó eterna salvación a los que creyeran (Colosenses 2.15).

Desde entonces, el reino de Satanás ha sido desarticulado. Satanás no tiene poder legal para dominarlo a usted. Por la cruz de Jesucristo, el Reino de Dios fue establecido en la historia humana.

Ahora, el Reino de Dios se manifiesta por el perdón de los pecados. El Reino de Dios se manifiesta por la llenura del Espíritu Santo. El Reino de Dios se manifiesta por el echar fuera demonios y la curación de los enfermos. El Reino de Dios se manifiesta por la bendición de Abraham impartida a través de los cristianos. El Reino de Dios se manifiesta por dar la esperanza de vida eterna a los cristianos. El Reino de Dios se manifiesta por la justicia, paz y gozo, así que diariamente debemos orar: «Oh Dios, que venga tu Reino a la historia humana» (Romanos 14.17).

El perfecto Reino de Dios será manifestado en la tierra cuando Cristo regrese. Sin embargo, la parte espiritual de este Reino de Dios ya está en este mundo, porque Jesucristo dejó el Reino de Dios en este mundo después que resucitó y ascendió a los cielos. Este Reino de Dios puede experimentarse en el cuerpo por medio del Espíritu Santo.

Más específicamente, ese Reino está aquí ahora, en usted y en su iglesia, por medio del Espíritu Santo. Como aceptación de esto debemos orar a Dios:

«Oh Dios, que venga tu Reino al Japón».

Japón está siendo dominado por el reino de las tinieblas. Yo voy a Japón cada mes con la esperanza de llevar el Reino de Dios a esa nación. El Reino de Dios se está extendiendo allí por medio de los predicadores y de las oraciones.

El Espíritu Santo usa su predicación y su vida de oración para traer el Reino de Dios.

Es deber de los pastores orar porque venga el Reino de Dios.

«Que venga el Reino de Dios a mi iglesia. Que más personas se arrepientan en fe. Que el gran poder del Espíritu Santo gobierne mi iglesia. Oh Dios, quiero que el Reino de Dios se manifieste en echar fuera demonios y en sanar a los enfermos.

»Padre, danos mayor prosperidad y bendiciones por la presencia del Reino de Dios. Que el Reino de Dios traiga la seguridad de la salvación a cada uno de nuestros cristianos».

Predicar sobre el Reino de Dios es muy importante. En muchas denominaciones no se enseña sobre el Reino de Dios total y completo, solamente se enseña sobre parte del Reino de Dios. Durante toda la historia de la iglesia, Dios trató de restaurar el mensaje completo del Reino de Dios en la iglesia. Por Martín Lutero el hombre comprendió que la salvación y la justicia se podían alcanzar solamente por la sangre de Jesucristo. Por Juan Wesley entendimos que la santificación era posible por el poder del Espíritu Santo. Ahora, con el renovado avivamiento del Espíritu Santo al traer la sanidad divina y al echar fuera demonios a las iglesias, el Reino de Dios se está manifestando de una manera más completa aquí en la tierra.

Dios desea que el mensaje completo del Reino de Dios sea entregado a la gente. Usted no debe predicar solo una parte del Reino de Dios.

Cuando llego a esta parte de la Oración del Señor, simplemente le pido ayuda a Dios.

«Oh Dios, ayúdame a predicar el evangelio completo, el completo mensaje del Reino de Dios».

Satanás siempre trata de persuadirme que no predique el mensaje completo del Reino de Dios. Satanás me tienta especialmente los sábados.

«No eches fuera demonios en el servicio regular. No ores por los enfermos en el servicio regular. El del domingo debe ser un servicio más solemne. No debes pedir que la gente ore al unísono haciendo un gran ruido».

Hace algún tiempo recibí una carta de un caballero de Escocia, Reino Unido, que actualmente vive en Pusan. Asistió a uno de nuestros servicios en la iglesia, y no tuvo sino crítica de nuestro servicio de adoración.

«Cuando usted pide que la gente ore al unísono, es algo caótico, es tan ruidoso que Dios no puede agradarse de semejante oración. Estoy seguro que esto solamente le agrada a Satanás y le da una apertura para dañar su vida de oración».

«Quiero tener una entrevista con usted», continuó. «Quiero ofrecerle mis servicios. Quiero corregir su manera de alabar a Dios. La alabanza debe ser algo muy calmado y solemne. La gente nunca debe gritar, eso es algo caótico y solamente Satanás puede agradarse de semejante oración».

Yo estaba aturdido. «¿Quién es esta persona? Dios se regocija de nuestro arrepentimiento y del vibrante sonido de nuestra alabanza...»

Satanás trata de intimidarme de todas formas para que no predique el evangelio completo de Jesucristo. Necesito orar cada día para defenderme de sus ataques.

«Oh Dios, que venga tu Reino a mi corazón. Que venga tu Reino en perdón y que domine mi mente. Que el Reino de Dios venga, imparta la prosperidad de Abraham y domine mi mente. Que el Reino de Dios venga en mi mensaje sobre la Segunda Venida de Cristo, y domine mi mente. Que sea dominado por el Reino de Dios. Que el Reino de Dios, que ha sido establecido en la historia humana por Jesucristo, venga y gobierne mi iglesia».

Mediante esta oración he podido predicar el mensaje completo del Reino de Dios por todo Corea y por todo el mundo. Por supuesto, también he sido terriblemente perseguido por predicar el mensaje completo del Reino de Dios. Sin embargo, soy consolado cuando veo una mayor manifestación del Reino de los Cielos en mi vida y en mi ministerio.

Cuando usted ora: «Que venga tu Reino», debe meditar verdaderamente en eso. Estas palabras no son vagas. Estas palabras son muy definidas. Cuando dice «Venga tu Reino», eso significa que el Reino debe venir primeramente a su corazón. Entonces usted debe predicar el Reino de Dios a la gente.

Cuando llego a esta parte de mi oración, soy muy, muy detallista. Desde que he sido muy detallista respecto a mi oración sobre el Reino de Dios, mi iglesia ha crecido. Cuando los hermanos están deprimidos o desalentados, sin gozo o sin paz, y me oyen orar y predicar sobre el Reino de Dios con poder, entonces el Reino de Dios llega por medio de mi mensaje a ellos y destruye el reino del diablo en sus vidas. Las vidas de las personas son definitivamente cambiadas por mi mensaje.

No predico filosofía, ni predico teología, ni predico política. Predico el Reino de Dios. Al predicar sobre el Reino de Dios me opongo directamente a Satanás.

El Reino de Dios no es un vago evangelio religioso. El Reino de Dios tiene poder en cada faceta de nuestra vida, y usted debe predicarlo y orar para que las personas puedan disfrutar del completo Reino de Dios en sus vidas.

¿Tiene en realidad al Reino de Dios en su vida? Cada uno de nosotros debe darse cuenta y reconocer si el Reino de Dios está o no en su vida.

El Reino de Dios no es alguna cosa vaga. El Reino de Dios es muy definido y claro. El Reino de Dios le fue ofrecido a usted hace 2000 años. Usted debe tener el completo Reino de Dios y debe predicar el completo Reino de Dios. Sin eso no puede tener crecimiento de la iglesia, porque la gente está sufriendo de todas las formas imaginables por el poder de Satanás. Usted debe proveerles un escudo y un arma para luchar contra Satanás. Predicando el completo Reino de Dios, puede llenar todas las necesidades de la gente que sufre tanto.

Ese es el mensaje del Reino de Dios. Cuando usted este armado por el Reino de Dios a través de las oraciones, entonces tendrá gran poder para testificar del evangelio.

## Hágase tu voluntad, como en el Cielo, así también en la tierra

La voluntad de Dios ya está cumplida en el cielo. Dios es el Alpha y la Omega. En lo que a Dios concierne, toda la historia humana ya está cumplida y completa (Efesios 1.4-11).

La Biblia contiene la revelación completa de Dios. Aunque un solo hombre o una nación puedan tener poder y mover la historia de la humanidad, esto no es nada más que un parpadeo. Hay algo más poderoso que guía la historia del hombre. Ese poder es Dios. Él ya ha confirmado la historia humana porque es el Alpha y la Omega.

Antes de que yo supiera esta verdad, trataba de cambiar el curso de mi vida por mi propia cuenta. Me desviaba del plan de Dios. Muchas veces camine por el camino de espinos, pero ahora he estado en el ministerio por más de 40 años. He aconsejado a un incontable número de personas, y como resultado encontré esta muy simple pero muy profunda verdad: La providencia de Dios no solamente rige la historia de la humanidad, sino también la de cada persona en forma personal e individual.

Cuando nací de mi madre y abrí mi boca para llorar por primera vez, Dios dijo: «Has comenzado tu vida en este mundo, fuera del vientre de tu madre, pero el curso de tu vida ya ha sido fijado». Está escrito en Salmos 139.13-15:

*Porque tú formaste mis entrañas; tú me hiciste en el vientre de mi madre. Te alabaré porque formidables, maravillosas son tus obras; estoy maravillado y mi alma lo sabe muy bien. No fue encubierto de ti mi cuerpo, bien que en oculto fui formado, y entretejido en lo más profundo de la tierra.*

La Biblia también dice en Salmos 139.16: *Mi embrión vieron tus ojos, y en tu libro estaban escritas todas aquellas cosas que fueron formadas, sin faltar una de ellas.*

De manera que el curso de su vida ya está fijado desde la eternidad, en el libro de Dios. Si seguimos la voluntad de Dios, entonces tendremos una vida maravillosa, pero si no, enfrentaremos problemas y turbulencias en nuestras vidas.

Abraham violó el plan de Dios para su vida. Trató de determinar el curso de su vida a su manera. El ir a Egipto para escapar del hambre y dar a Sara, su esposa, al Faraón, y el tomar a Agar, su esclava, en vez de esperar pacientemente, fueron intentos de tener dominio sobre su propia vida. Los israelitas, cuando salieron de Egipto también se desviaron del plan de Dios. Dios ya había trazado un curso fácil para que ellos entraran en Canaán, pero los israelitas desobedecieron la voluntad de Dios. Trataron de desviarse del camino de Dios, y sabemos bien los resultados de su desobediencia.

Cristo nos enseñó a orar de esta manera:

«Hágase tu voluntad, como en el cielo, así también en la tierra».

En el Cielo, la voluntad de Dios está hecha y está completa. Sin embargo, en la tierra, Satanás se opone a Dios en todas las formas posibles. Eso es verdad también con el hombre. A menos que el hombre anule su propia voluntad para seguir la de Dios, es igual que oponerse a la voluntad de Dios aquí en la tierra.

De manera que cuando oro pido a Dios que haga su voluntad en mi vida.

«Oh Dios, toda mi vida está escrita en tu libro. Que yo pueda vivir según tu libro escrito. Oh Dios, oro por mi esposa, que ella viva según tu libro escrito. Padre celestial, oro por mis tres hijos, que ellos vivan de acuerdo a los detalles escritos en tu libro. Que sea hecho en cada uno de los miembros de nuestra familia como está hecho en el cielo.

»Padre, nos has dado una iglesia grande, pero tú eres el Alpha y la Omega de nuestra iglesia. Tú ya has planificado algo para nuestra iglesia. Permíteme descubrir tus caminos. Llena con el poder del Espíritu Santo a mi iglesia. Que tu voluntad prevalezca en mi iglesia. Que tu voluntad prevalezca en mi nación. Que tu voluntad prevalezca en este mundo».

Todas las personas cristianas y no cristianas, cuando se desvían de la voluntad de Dios se llenan de temor. Es así especialmente con los cristianos. Como tales, debemos orar a Dios y pedir que el Espíritu Santo se mueva sobre nosotros, para que podamos rendirnos a la voluntad de Dios. No piense incluir ningún elemento mundano en sus planes para el futuro, porque Él tiene un plan definido para usted. Debemos tener una fe firme en Dios quien planea nuestro futuro y vuelve todas las cosas rectas en su nombre.

Al comienzo de mi ministerio, traté de edificar la iglesia por mi cuenta. Traté de establecer el crecimiento de mi iglesia de acuerdo a mi propia voluntad. Pero después de un tiempo descubrí la futilidad de mis planes. Me di cuenta que los planes de Dios eran mucho mejores de lo que yo podía imaginarme. En vez de hacer mis propios planes comencé a esperar en el Señor.

«Dios, tú eres mi Alpha y mi Omega. Tú eres el Alpha y la Omega del crecimiento de mi iglesia. ¿Cuál es tu plan para el crecimiento de mi iglesia?»

Continué orando.

«Dame tus visiones y sueños».

No mucho tiempo después me sorprendí y maravillé, en realidad quedé impresionado. Lo que Dios había planeado era algo que iba mucho más allá de lo que mi imaginación podía concebir.

En 1958, mi meta era tener 300 personas en mi iglesia. Y oré y le pedí a Dios tener mi iglesia llena con 300 personas.

«Padre, dame 300 personas en mi iglesia, y nunca me quejaré hasta que mi pelo negro se vuelva blanco». Yo estaba satisfecho con mi oración.

Pero entonces Dios me dijo: «No, no 300, sino 3000».

No podía creer lo que Dios me decía.

«Dios, no puedo pastorear más de 300. Primero que todo, ni siquiera tengo un edificio que pueda acomodar tantas personas».

Pero Dios me dijo: «Esa es mi voluntad. Ten fe».

Así que renuncié a mi propia meta y acepté la de Dios. Entonces el poder de Dios vino sobre mi ministerio. Dios comenzó a manejar los asuntos de nuestra iglesia. Para 1964 tenía 3000 miembros.

«Oh, esto es maravilloso. Estoy completamente satisfecho ahora. Me aseguraré de poder ministrarles diligentemente». Pero nuevamente Dios tenía otra agenda a mis espaldas.

«Yonggi Cho, no te contentes. No estoy satisfecho. Quiero que hagas planes para tener 10.000 personas».

«¿Diez mil personas?», dije: «No puedo dirigir a 10.000 personas». Nunca lo hubiera soñado.

Pero Dios replicó: «No vivas de acuerdo a tus planes. Vive de acuerdo a mis planes. Mi voluntad en el cielo debe ser hecha».

Así que acepté esa nueva meta. Muchas personas no aceptan la meta de Dios para sus vidas. Cuando acepté los planes de Dios, Él comenzó a obrar en mi vida. Mi iglesia creció hasta tener 10.000 personas.

Ni con eso Dios se detuvo, sino que continuó dándome nuevas metas que alcanzar.

Mientras viajaba en Perth, Australia, hubo una huelga de controladores aéreos. No podía salir de Australia. Me moría de deseos de regresar a casa, pero me quedé en Australia.

En un hotel, oré ansiosamente: «Déjame regresar a casa rápidamente».

El Espíritu Santo me contestó: «Tengo algo que discutir contigo. Planeo que tengas 100.000 miembros en tu iglesia. Haz planes para acomodar 100.000 personas». Dudé de lo que oía.

«Deben ser delirios y alucinaciones por querer tan ansiosamente regresar a casa. Debe ser una pesadilla».

Primeramente, nunca podría pensar siquiera en ser pastor de una iglesia con 100.000 miembros. Oré: «Oh Señor, ¿cómo podría controlar 100.000 personas? ¿Cómo podría ministrar a sus necesidades? No soy nada especial. Solamente soy un simple predicador».

Dios continuó: «Mi voluntad en el cielo es 100.000 personas para ti».

Si Dios me hubiera mostrado entonces que su plan era hacerme pastor de una iglesia de 700.000 miembros, me hubiera muerto de un ataque al corazón. Sin embargo, Dios me reveló su voluntad paso a paso, así que pedí a la congregación testificar y traer gente para Dios y para nuestra iglesia. Pronto tuvimos 100.000.

Un tiempo después, estaba orando una mañana: «Hágase tu voluntad, como en el cielo, así también en la tierra»

Dios respondió una vez más: «Yonggi Cho, ¿Sabes cuál es mi voluntad? Quiero que pastorees a 300.000 personas. Ora que mi voluntad sea hecha».

Cuando les dije esto a los ancianos de la iglesia, se rebelaron. Me llamaron la atención.

«Ahora usted está haciéndose arrogante. ¿Ahora tiene 100.000 personas, pero piensa que pronto tendrá 300.000? Eso es una excesiva arrogancia».

«Esa no es mi voluntad», tuve que defenderme, «Dios me habló y me dijo que pusiera esta visión en mí...»

No mucho tiempo después Dios nos dio 300.000 miembros, luego medio millón... luego 700.000.

Ahora los ancianos de mi iglesia no argumentan sobre mis sueños. Ellos saben que mis sueños no son míos sino del Señor. Orar porque se haga la voluntad de Dios en la tierra tiene sus peligros también. Muchas personas oran esta oración sin conocer verdaderamente el significado de ella. Dios tiene un fantástico plan para su vida. Muchas personas están contrariadas con el plan de Dios. Se sienten sacudidas y evitan el plan de Dios. Es por eso que Dios no puede cumplir su programa en sus vidas.

## *Oración dirigida a la vida humana*

### El pan nuestro de cada día, dánoslo hoy

Nuestra oración debe ser dirigida específicamente también a llenar las necesidades de la vida humana. La oración debe estar estructurada de la manera correcta.

Primero debemos buscar su Reino y su Justicia (Mateo 6.33). Debemos orar buscando estas dos cosas, luego oraremos por las necesidades de nuestra vida diaria.

Cristo nos enseñó a orar: «El pan nuestro de cada día dánoslo hoy».

Este pan diario incluye todas las necesidades de nuestra vida diaria. Cuando usted le pide a Dios que le dé pan, es lo mismo que si le pidiera que le dé salud y trabajo para ganar ese pan. Para conseguir trabajo necesita educación y para tener educación necesita dinero. Para ir a trabajar necesita vestidos, zapatos, un carro, y todos los implementos eléctricos necesarios que le permiten trabajar.

Por lo tanto, esta oración incluye todas las necesidades de su vida. Cuando llego a esta parte de mi oración, oro por todas mis necesidades personales, todas las necesidades de mi familia, y todas las necesidades de la iglesia, simplemente pido por todo.

Desde la primera vez que comencé a alabar a Dios y a Cristo extensamente, he sido grandemente bendecido. Ahora no tengo ninguna preocupación por la parte de Dios en contestar mis oraciones. Escribo las necesidades de mi vida, las necesidades de mi familia y las necesidades de mi iglesia en detalle, luego oro a Dios en detalle por esa lista.

A Dios no le agrada oír una oración vaga. Dios quiere oír una oración detallada. Pensar que porque Dios es todopoderoso no necesita realmente oír nuestras oraciones en detalle, es una equivocación. Dios desea que seamos detallados en nuestras oraciones. Cuando eleva una oración detallada y Dios le contesta en detalle, usted puede determinar con exactitud la petición específica que Dios ha contestado.

## Y perdónanos nuestras deudas, como también nosotros perdonamos a nuestros deudores

Esta oración se refiere a las relaciones humanas. Básicamente, todos los seres humanos pueden ser perdonados solamente mediante la cruz de Jesucristo. La sangre de Jesucristo tiene el poder de salvar a toda la humanidad. Sin embargo, esa salvación es dada solamente a los que por fe aceptan la sangre de Jesucristo (Romanos 3.24-25).

Fuimos perdonados hace 2000 años. Persuadimos a la gente a recibir el perdón de Dios que les fue dado hace 2000 años. Yo creo en Jesucristo. Yo recibo el perdón de Dios. Y como hemos recibido el perdón de Dios, debemos también perdonar.

Al perdonarnos el uno al otro diariamente, estamos profundizando nuestro compañerismo con los demás, tanto como nuestra relación con Dios. A Dios le interesa mucho la armonía entre los hermanos. A Dios le agrada mucho vernos perdonándonos y amándonos los unos a los otros. Cuando activamente perdonamos y amamos a nuestros hermanos, Dios es movido a responder y bendecir nuestras oraciones. Pero cuando peleamos los unos con los otros, y desarrollamos enemistad los unos con los otros, desagradamos a Dios. De manera que debemos siempre orar: «Oh Dios, perdónanos nuestras deudas, como también nosotros perdonamos a nuestros deudores».

Esta no es una oración de salvación sino de profundo compañerismo. Cuando usted recibe a Jesús entonces es perdonado y recibe la salvación. Sin embargo, debido a que el hombre es débil, peca diariamente.

Pero no debemos detenernos en solamente pedirle a Dios que perdone nuestros pecados, sino que también debemos aprender a perdonar a los que pecan contra nosotros. De esa manera podemos mejorar la armonía entre nuestros hermanos y profundizar nuestra vida de oración.

Un día, uno de nuestros miembros, una mujer, vino a mí.

«Pastor, no puedo orar esta parte de la oración. He estado casada por veinte años y mi esposo nunca ha sostenido a la familia. Lo odio. Me siento justificada en mi odio hacia él.

No puedo perdonarlo. Cuando oro y llego a esta parte de mi oración, cierro mi boca y la paso por alto. ¿Qué puedo hacer?»

La aconsejé: «Si usted no perdona a su esposo, entonces no puede tener una buena relación con Dios. Si quiere tener una comunión más íntima con Dios, entonces perdone a su esposo».

En su deseo de tener un compañerismo más grande con Dios, ella finalmente se vio obligada a perdonar a su esposo. Entonces comenzó a tener una vida muy llena del Espíritu Santo. Después de poco tiempo, su esposo comenzó a asistir a la iglesia y fue salvo. Perdonar a otros es muy difícil. Sin embargo, es muy importante.

Regularmente nuestra iglesia tiene más de 930 ancianos y 50.000 diáconos y diaconisas. Algunos de ellos son muy rebeldes. Muchas veces se rebelan.

Aunque soy un siervo de Dios, también soy un ser humano. A veces no puedo entender su rebelión y me disgusto mucho por su conducta. En esas circunstancias tengo también dificultades cuando llego a esta parte de mi oración.

«Padre, ¿por qué no mandas un rayo sobre ese anciano? Enséñale una lección». En todo mi ministerio, Dios todavía no ha contestado esa oración. O mejor dicho, Dios siempre ha contestado esa oración, pero en un sentido opuesto. Ahora he aprendido a perdonar antes que a amonestar.

También es importante recordar que no oramos de una manera general: «Oh Dios, perdóname como perdono a todos». Debemos ser un poco más específicos: «Padre, perdono a esta persona por esta cosa. Perdóname mi pecado también». Este es un momento muy serio en la oración.

En esta generación, las personas no se perdonan las unas a las otras muy fácilmente. Esa es la razón por la que viven una vida cristiana muy superficial. Debemos insistir en el perdón. Muchas personas están enfermas mental y físicamente porque no perdonan. Cuando perdonan genuinamente, el poder sanador vendrá sobre ellas espiritual, mental y físicamente.

## *Oración dirigida al mundo satánico*

### Y no nos metas en tentación

Nuestra oración debe ser dirigida también al mundo satánico: No nos metas en tentación.

La tentación que se menciona aquí no es la tentación de Dios sino la tentación de Satanás. Esta es la tentación que surge de nuestra codicia y rebelión.

No hay ni un solo justo en este mundo. Solamente los que han aceptado a Cristo son llamados justos por Dios. Aunque los cristianos hemos recibido la salvación y la justicia, esto no nos hace seres perfectos. Todavía estamos llenos de debilidades. Estas son las debilidades de las que Satanás hace presa para destruir nuestras vidas. Algunas personas tienen debilidad por el dinero, otras tienen debilidad por el sexo opuesto, otras por el orgullo.

Satanás siempre trata de atacarnos por medio de nuestras debilidades. Todos los días debemos orar a Dios que nos proteja de nuestras debilidades. Nadie es perfecto. Debemos orar: «Oh Dios, protégeme de esa iniquidad y debilidad».

Cuando oramos a Dios pidiendo protección de nuestras debilidades, Dios contestará nuestras oraciones. Muchas personas caen en tentación porque no oran esta oración. Usted conoce sus debilidades. Yo conozco mis debilidades. Hasta cierto grado, todos tenemos alguna conciencia de nuestras debilidades. Es importante que oremos a Dios pidiéndole que nos proteja de que Satanás haga uso de nuestras debilidades.

### Más líbranos del mal

Debemos orar la oración de guerra. Líbranos del mal.

Satanás es la fuente de todo mal en nuestras vidas (Génesis 3.4; Juan 8.44). Satanás es el que tiene autoridad en el infierno. Satanás gobierna sobre los ángeles caídos y los espíritus malignos de este mundo y se mueve sobre este mundo influyendo en los gobernadores de este mundo con sus propios designios malignos (Efesios 2.2; 6.12).

Muchos de los ángeles caídos se mueven sobre el mundo influyendo en los líderes de las naciones. Bajo ellos, diferentes clases de espíritus malignos, espíritus inmundos, espíritus de enfermedad, etc., se mueven trayendo sufrimiento y dolor a la gente.

Todos los días estamos en guerra contra los seres espirituales. Sin embargo, los cristianos debemos darnos cuenta que estos poderes malignos fueron desarmados en la cruz de Jesucristo (Colosenses 2.15). El diablo y sus huestes de seguidores fueron despojados de su poder y autoridad en la cruz de Jesucristo.

Corea fue liberada de la dominación japonesa el 15 de agosto de 1945. Sin embargo, en mi pequeña aldea no supimos que habíamos sido liberados, hasta el 17 de agosto. Legalmente, los japoneses fueron desarmados el 15 de agosto, pero el 17 de agosto los policías y las autoridades japonesas aún estaban manteniendo su poder militar en mi pequeña aldea. Ejercitaban verdadero poder y autoridad sobre nosotros. Esto se debió a la falta de comunicación que nos impidió saber que habíamos sido liberados de la ocupación japonesa.

Más tarde, cuando recibimos las noticias, nos levantamos y marchamos hacia la estación de policía y les quitamos las armas y las espadas a los japoneses. Destruimos su estación de policía. Ellos nos resistieron, pero nosotros teníamos la noticia de que habíamos sido liberados.

La Biblia dice en Juan 8.32: *Y conoceréis la verdad, y la verdad os hará libres.*

Muchas personas no saben que se nos ha dado el poder para derrotar a Satanás. Debemos estudiar más sobre la victoria en la cruz de Jesucristo.

Satanás ha utilizado varios armamentos a través de la historia humana para atacar al hombre. Pero sus armas fueron completamente destruidas en la cruz de Jesucristo. Algunas de sus armas han sido odio, pecado, enfermedad, maldición, muerte, etc. Satanás ha estado empuñando estas armas para asustar a los seres humanos y destruir sus vidas humanas. En la cruz de Jesucristo, todas estas armas fueron completamente destruidas. El pecado fue conquistado. La maldición fue conquistada. La muerte fue conquistada. Satanás fue despojado de las armas.

Jesucristo holló todas estas cosas. Jesucristo resucitó como el vencedor absoluto. En Jesucristo somos hechos vencedores sobre las armas de Satanás. Satanás no tiene poder delante de Jesucristo. Cuando oramos debemos saber que estamos orando sobre un terreno victorioso. En realidad Satanás y su hueste de seguidores están causando un terrible mal en este mundo.

Desde muy temprano en mi ministerio he sabido esta verdad. Durante cuarenta años de mi ministerio he orado contra el ataque de los demonios. He echado fuera a Satanás durante todo mi ministerio. He enseñado a mi gente a reconocer a este invisible enemigo maligno, y les he enseñado cómo atarlo y echarlo afuera. Los miembros de mi iglesia están totalmente advertidos de los espíritus malignos y están enseñados a librarse de ellos por medio de la oración.

Todos los días oro: «Oh Dios, protege a nuestros ancianos de los ataques satánicos. Te pido librar a nuestros diáconos y cristianos de los ataques satánicos. Satanás, te ato en el nombre de Jesucristo dentro de mi iglesia. Satanás, te ato entre los miembros de nuestra junta. No puedes realizar tu obra destructora aquí».

Desde que he estado orando así por cuarenta años, he iniciado tres iglesias líderes, y nunca he tenido ninguna división en nuestra iglesia. Muchas veces hemos llegado al borde de una división, pero cada vez, en vez de pelear con la gente, he peleado con los poderes malignos detrás de ellos. Los ato. Los echo fuera... Entonces los corazones de las personas se derriten fácilmente. Así como oramos por el compañerismo del Espíritu Santo, así debemos resistir a Satanás por medio de la oración.

## Porque tuyo es el Reino, el poder y la gloria por todos los siglos

Dios merece toda la alabanza y toda la gloria de todas las generaciones. En la Biblia, la oración termina con una declamación de alabanza (1 Reyes 16.36; Mateo 6.13; Apocalipsis 5.13). Debemos dar nuestra alabanza y gloria a Dios.

Antes de terminar mi oración, alabo a Dios.

«Oh Dios, tu Reino va a dominar todo el universo. Tu poder va a prevalecer. Tu gloria va a brillar sobre todo el mundo».

La oración que Cristo nos enseñó comienza con alabanza y termina con alabanza. Cuando alabo a Dios y glorifico su nombre, puedo sentir su gran poder guiándome y dirigiéndome para hacer su obra.

Cuando comencé mi primera iglesia, oraba todos los días por cinco horas, pero a medida que mi carga aumentaba, mi oración disminuía. Por mucho tiempo solamente oraba una hora diaria y mi corazón estaba muy sediento de un compañerismo más profundo. Ahora le pido a Dios que me ayude a orar más. Recientemente he estado orando tres horas al día. Me libro de todos los asuntos y trato de pasar más tiempo con Dios. Deseo que Dios me ayude a orar un promedio de cinco horas al día. Cada vez que trato de orar, tengo un tiempo muy difícil por más o menos treinta minutos. Debo luchar contra la carne y contra Satanás. Satanás trata de estorbar mi vida de oración por medio de malestares físicos y presión mental.

En mi propia experiencia, cuando me siento realmente libre en el Espíritu Santo, y mi oración comienza a fluir como un gran río, miro mi reloj y veo que eso sucede siempre después de una hora de lucha. Después de una hora, puedo tener realmente una oración poderosa. Ahora puedo pasar por toda la oposición de Satanás y entrar en el campo del Espíritu Santo. Después de todo ese proceso, cuando voy a ministrar y a dirigir a la gente, puedo verdaderamente tener poder.

He estado predicando desde este púlpito por casi cuarenta años. Me he comprometido a no venir a este púlpito sin la debida preparación mediante la oración. La preparación de mi sermón es también muy importante, pero el sermón en sí no tiene poder sin la oración. Solamente mediante mucha oración el sermón puede ser entregado en el poder del Espíritu Santo. Entonces puede cambiar las vidas de la gente.

Cuando predico puedo oír mi voz y saber la calidad de la unción de Dios en el sermón. Cuando oro mucho puedo sentir la unción en las palabras habladas a través de mis labios. Aun si preparo un buen mensaje, si este no está respaldado por la oración lo siento seco en mi propio lenguaje.

Alabo a Dios de que tanto como puedo recordar, nunca he venido a esta plataforma sin la preparación de la oración. Siempre he tenido poder cuando predico los domingos. Mi iglesia crece y mi gente es edificada.

La oración es la clave del avivamiento. Orar es la clave de su éxito. Orar es la clave de su victoria personal. Le pido orar. Le pido orar. Le pido, por tercera vez, orar. La oración es el fundamento del Reino de Dios. Solamente mediante la oración podemos llevar a cabo el mandato de Dios en nuestras vidas.

Dios está levantando muchos guerreros de oración en estos últimos días. Un ministro de Europa vino y me preguntó: «¿Cómo puedo hacer orar a mi gente?»

«Es muy fácil», le respondí. «Ore usted, y su gente seguirá su ejemplo».

Muchos ministros tratan de manipular a la gente para orar, pero la gente es muy astuta y no se dejará manipular. Cuando los ministros comienzan a orar y orar, eso será contagioso para su gente.

La oración trae el Reino de los Cielos a nuestras vidas. La oración debe ser el fundamento del crecimiento de la iglesia. La oración hace cristianos genuinos. Hay muchos, muchos cristianos que viven en la carne. Para hacer que las personas lleguen a ser genuinos cristianos, la oración debe ser el punto de partida.

# Capítulo 7

# La clave para el crecimiento de la Iglesia: El sistema de células de hogares

*M*uchos ministros hacen esta pregunta: «¿Por qué debemos tener un sistema de células de hogares en nuestra iglesia? Ya tenemos un sistema de Escuela Dominical, ¿por qué debemos añadir más organizaciones a nuestra iglesia?»

No quiero descartar ningún sistema existente, al tratar de añadir el sistema de células de hogares a su iglesia. El sistema de células de hogares no va a ser un estorbo para ningún sistema de Escuela Dominical existente. Continúe con todas las organizaciones de la iglesia existentes, puesto que están en su iglesia, pero simplemente incluya el sistema de células de hogares.

El sistema de células de hogares puede jugar un papel muy importante en el crecimiento de la Iglesia. Las células proveen compañerismo entre los miembros de la iglesia y promueven la unidad entre ellos. También, como un todo, dan un gran impulso organizacional a la iglesia.

El sistema de células de hogares es un retoño del sistema organizacional adoptado durante el cautiverio y durante los primeros períodos de la iglesia.

Podemos ver un claro ejemplo de esto durante el período de la iglesia primitiva, como está registrado en los Hechos. El

templo y las casas de los miembros fueron lugares importantes donde encontrar unidad y compañerismo.

## *El sistema de células de hogares*
## *es una iglesia fuera de la iglesia*

Ahora muchas iglesias tienen servicios solamente los do-
mingos y los miércoles. Una vez que las personas salen de la
iglesia y van a su casa, están libres de la iglesia. Dicen:
«Estamos libres de la Escuela Dominical y de la iglesia.
Podemos vivir como nos agrade hasta el próximo domingo».
Eso es un problema.

Una vida recta de fe no significa adorar a Dios solamente
los domingos. El sistema de células de hogares provee una
respuesta para esta situación. El sistema de células de hogares
significa que usted continúa teniendo actividades de su iglesia
de lunes a sábado, fuera de la iglesia. En nuestra iglesia, la
gente está organizada en el sistema de células de hogares. La
mayoría de los cristianos pertenecen a un sistema de células,
y mediante ese sistema adoran y sirven a Dios diariamente.
Ahora tenemos aproximadamente 100.000 distritos y líderes
de células sirviendo en este sistema.

Por lo general, las células de hogares consisten de 5 a 10
familias. Están organizadas regionalmente así que, una vez
que salen de nuestra iglesia, las cinco o diez familias se
reúnen durante la semana.

Los líderes de las células de hogares hacen contacto con
cada familia para ver si están marchando bien. Muchas veces
los cristianos más débiles caen en tentación y tienen problemas. Como los líderes de las células hacen contacto con ellos
durante la semana, se enteran de cualquier problema que
tengan y enseguida van allí y oran por las personas necesitadas y les animan. Eso es muy, muy necesario. No somos

cristianos muy fuertes, de manera que siempre caemos en tentación. Una vez que caemos en tentación, si no tenemos amigos cristianos cerca de nosotros, seremos fácilmente arrastrados al mundo satánico.

Nos necesitamos para velar unos por otros, animarnos y ayudarnos en nuestra vida diaria. Para cumplir con esto nuestra iglesia organizó el sistema de células de hogares. En nuestra iglesia tenemos 50.000 pequeñas iglesias lejos de la madre iglesia. Los cristianos de las áreas vecinas pertenecen a alguna de las pequeñas iglesias del sistema de células de hogares, y tienen siempre comunicación con los demás, relación, estímulo y consulta con los líderes a nivel de célula.

La gente dice: «Cuando venimos a la iglesia madre somos solamente uno entre una multitud de 700.000 personas. ¿Quiénes somos? ¿Quiénes entenderían nuestra necesidad?»

Por supuesto, cuando vienen a la iglesia madre es imposible reconocer a cada uno, pero una vez que van a una célula de hogar, son reconocidos, son llamados por sus nombres, se conocen el uno al otro, tienen íntimo compañerismo. Eso es muy necesario porque todos queremos pertenecer a un gran movimiento, pero también queremos ser reconocidos y tratados individualmente. El sistema de células de hogares es una iglesia fuera de la iglesia.

En una iglesia de 100 a 300 miembros, el pastor puede cuidar bien de las personas. Pero con más de 1000 o 100.000 miembros, no hay manera de que un pastor pueda llenar las necesidades de una congregación tan grande. El sistema de células de hogares es lo más importante cuando el tamaño de la iglesia aumenta.

## *El sistema de células de hogares es la raíz de la Iglesia*

Cuando mira a un árbol ve que tiene muchas ramas y hojas. Pero el árbol tiene también una parte que no se ve, que está bajo tierra, son las raíces. Mientras el tronco, las ramas y las hojas crecen más, las raíces se hacen más profundas y más grandes también.

Nuestra iglesia tiene raíces muy poderosas. Son las células de hogares en los pueblos y ciudades, lejos de la iglesia madre. Esas son nuestras raíces.

Nuestra iglesia está dividida en 50.000 pequeñas iglesias. El sistema de células de hogares es un tipo de servicio de la iglesia que reúne de 5 a 10 familias. Al momento tenemos la iglesia más grande del mundo, pero también la iglesia más pequeña del mundo. Esta iglesia más grande puede fraccionarse fácilmente en sus células o partes más pequeñas.

La gente nos ha criticado. Aun los periódicos coreanos seculares dicen que la nuestra es una iglesia gigantesca y que en cualquier momento podría ser demolida. Se dice que en las edades primitivas de la tierra los dinosaurios fueron destruidos porque crecieron tanto que no pudieron manejarse a sí mismos y fueron aniquilados. Igualmente se dice que la Iglesia del Dr. Cho es como un gran dinosaurio y que con el tiempo se aniquilará a sí misma. Pero eso no es verdad. No somos grandes, somos muy pequeños. En cierta manera somos grandes, pero estamos organizados en 50.000 pequeñas iglesias. Las iglesias más pequeñas son las raíces de esta gran iglesia. La gente puede venir y sacudir este árbol, pero no caerá porque tenemos 50.000 raíces, poderosas raíces. El evangelismo está continuamente fluyendo a través de 50.000 raíces, y nuevas personas se añaden constantemente a la iglesia madre. Recibimos un promedio de más de 10.000 nuevos convertidos cada mes. El evangelismo es mucho más efectivo cuando usted habla de persona a persona, como lo hacemos en nuestro sistema de células de hogares.

En mi iglesia no tenemos cruzadas evangelísticas porque no las necesitamos. Los miembros del sistema de células de hogares invitan a sus vecinos a las reuniones. Los miembros de la célula van a sus vecinos, hablan con ellos y responden a sus preguntas. Una vez que las personas se convierten, se relacionan con los miembros de su célula, para ser alimentados, ayudados, animados, y llevados a la iglesia.

Según mi experiencia y las estadísticas de mi iglesia, los nuevos convertidos necesitan ser obligados a venir a la iglesia por lo menos cuatro veces o más. Muchas veces por la emoción, las personas hacen decisiones en las cruzadas evangelísticas, pero cuando a la siguiente semana la emoción desaparece, las personas no van a la iglesia. Sin embargo, una vez que hacen contacto con un buen cristiano, los nuevos convertidos son constantemente animados. Muchas veces esas personas deben ser obligadas a venir a la iglesia. Después de ser obligadas por cuatro veces a venir a la iglesia, sientan cabeza y hacen del asistir a la iglesia un hábito. El sistema de células de hogares es muy poderoso y significativo.

Las 50.000 raíces (células de hogares) son un asunto de vida o muerte para la iglesia madre. Esa es la razón por la que movilizamos toda la maquinaria administrativa de la iglesia para apoyar y cuidar al sistema de células de hogares.

Tenemos un departamento Ministerial con 708 ministros que pertenecen a él. También un departamento de Negocios donde cuidamos de todos los negocios de la iglesia. Los dos, tanto el departamento Ministerial como el de Negocios respaldan totalmente al sistema de células de hogares.

Nuestra iglesia está comprometida a apoyar sus raíces: el sistema de células de hogares. A medida que el sistema de células de hogares crece más fuerte y más grande, ellos suplen los fondos, los recursos humanos y el fuego de avivamiento para la iglesia madre.

Por esa razón nuestra iglesia es una iglesia grande, y sin embargo, una iglesia muy pequeña. Cada persona es el número uno en una gran multitud, sin embargo, cada una es personalmente reconocida, bienvenida y asegurada en su propia célula de hogar.

## El sistema de células de hogares es una red de pescar para la iglesia

Cristo describió el Reino de Dios como una red que atrapa varios peces en el océano (Mateo 13.47-48). Muchas personas tratan de pescar nuevas almas con una caña de pescar, atrapando a las personas de una en una. De esa manera usted no puede tener muchas almas salvadas. Usted debe organizar toda la ciudad, todo el mundo, con el sistema de células de hogares.

Siempre usé esta alegoría en mi enseñanza. Pedro fue llamado cuando estaba pescando. Pedro no estaba pescando con una caña, él estaba pescando con una red.

Usted necesita movilizar a los laicos cristianos, entrenarlos y organizarlos como una red. Eche esa red sobre toda la ciudad.

Nosotros estamos echando una red sobre toda Corea, pero especialmente sobre la ciudad de Seúl. Cada semana sacamos la red y reunimos miles de almas y las traemos a la iglesia madre. Ellos son bienvenidos, enseñados y equipados con conocimientos cristianos.

Diariamente y semanalmente, enviamos ministros para estimular a los líderes de las células de hogares. Ellos hacen contacto con la gente en sus hogares, en el mercado, en los sitios de negocio, en las escuelas. Traen a sus contactos a sus reuniones de células de hogares y los animan. Entonces nosotros sacamos la red, y todos los que han sido contactados son traídos a la iglesia madre el domingo, para hacer una decisión pública. Se reúnen todos y son oficialmente bienvenidos en nuestro departamento de Nuevos Convertidos. Después se les da 8 semanas de enseñanza bíblica para que estén sólidamente fundados en la doctrina cristiana. Esto es muy necesario.

En vez de usar cañas de pescar, use redes. Los laicos cristianos son maravillosos ganadores de almas una vez que son organizados y entrenados. No deje que solamente calienten las bancas. Eso es un desperdicio de tiempo y energía.

Los líderes de las células de hogares (47.000 mujeres y 3000 hombres) salen y tienen reuniones de células de casa en casa, de lunes a sábado según su conveniencia. Cuando pescan, pescan en su vecindario. Testificar y ganar a un extraño para Cristo es muy difícil. Por lo general no desean abrir sus corazones a los extraños. Puesto que las células de hogares están constantemente contactando a sus vecinos, se conocen el uno al otro. Entonces, cuando un vecino inconverso está en problemas, los cristianos se reúnen, oran por él y le animan.

Si el creyente inconverso necesita ayuda financiera, los cristianos la ofrecen. Por eso los inconversos son fácilmente contactados y fácilmente conducidos a Jesucristo. Los testimonios de los líderes de las células de hogares son maravillosos.

Hay muchas personas que sufren de diferentes problemas, pero ellas no hablan de sus problemas con un extraño. Pero los líderes de las células, como vecinos, les ayudan y les consuelan. Finalmente la persona necesitada será conducida a Jesucristo y vendrá a la iglesia.

### *El sistema de células de hogares es el lugar de trabajo para los cristianos entusiastas*

En el sistema tradicional, solamente un limitado número de laicos pueden ser nombrados como ancianos, diáconos y maestros de Escuela Dominical. Más allá de eso usted no puede darles una posición a otros. Muchos cristianos vienen a la iglesia y les gustaría trabajar para el Señor, pero no encuentran un lugar de servicio, así que se desalientan y dejan la iglesia.

Por lo tanto, es muy importante tener un lugar de trabajo para los cristianos. Cuando ya vienen a la iglesia por algunos años son maduros y quieren hacer algo para el Señor. Quieren ejercitar su fe y su conocimiento sobre Jesucristo, pero si usted no les da una posición causarán problemas.

Si tiene un sistema de células de hogares, usted puede darles incontables trabajos a sus cristianos ansiosos. Cuando un miembro llega a ser muy ansioso e inquieto al oír su mensaje, solamente dígale: «¿Por qué no abre su hogar y comienza una reunión de célula de hogar? Lo nombro a usted líder de célula. Usted puede ministrar a las necesidades de su comunidad, usted puede enseñar, usted puede orar, usted puede visitar, y usted puede aconsejar».

Los cristianos saltarán de gozo, diciendo: «¿Yo puedo hacer todo eso?»

«Sí, usted está bajo mi autoridad. Ahora usted debe enrolarse en nuestro programa de enseñanza para los líderes de células».

Nuestra iglesia tiene un Colegio Bíblico Cristiano Laico que tiene cursos graduados para los laicos, y un Colegio Bíblico para Líderes de Células. Operamos estas escuelas de entrenamiento durante toda la semana de día y de noche para ayudar a los cristianos a recibir educación, de acuerdo a su propio horario específico. En seguida los cristianos entusiastas se matricularán, obtendrán entrenamiento apropiado, y se convertirán en ávidos líderes de células de hogares. Podemos usar a muchas personas. Podemos hacer lugar para todos los cristianos que quieran hacer algo más para el Señor.

Antes de que nuestra iglesia tuviera el sistema de células de hogares, yo estaba muy preocupado por los cristianos. Cuando se hicieron más viejos y más maduros, toda clase de musgo comenzó a colgar sobre ellos. Comenzaron a causar problemas. Muchas veces oré: «Oh Dios, saca a estos viejos cristianos de mi iglesia para que puedan venir nuevos». Fue un tiempo terrible para mí.

Ahora, en nuestra iglesia, los cristianos más viejos son los que están mejor equipados, así que yo puedo utilizarlos como mis asistentes voluntarios. Los líderes de células de hogares no son pagados, pero son maravillosos asistentes voluntarios en nuestro ministerio. Pagamos a 708 pastores asistentes, pero mis asistentes sin paga suman 50.000.

Sin esta clase de organización es difícil para usted reunir a una gran parte de su congregación cuando lo necesite. Sin embargo, con esta red del sistema de células de hogares, solamente necesita convocar a pocas personas para llegar a miles.

Hace algún tiempo tuvimos una reunión de oración de avivamiento para la unificación de Corea en el principal estadio olímpico (3 de octubre de 1987). Participaron un millón de cristianos. Tuvimos también una concentración para los servicios de adoración de Asambleas de Dios Internacional (3 de octubre de 1994), un millón de cristianos participaron. No es fácil convocar a un número tan grande de personas en corto tiempo. Pero eso fue posible solamente por el sistema de células de hogares.

Muchos pastores desperdician los recursos humanos de su iglesia. También fallan al no reconocer el gran talento de las mujeres miembros de su congregación. Cuando voy a América y a Europa, mi corazón se entristece porque las iglesias no están dando ningún lugar a las mujeres.

Una vez tuve una reunión en Strasburg, Francia. Muchas esposas de pastores estuvieron allí. Yo estaba animando a los pastores a utilizar a las mujeres. La mayoría de los ministros tuvieron una actitud negativa hacia esto.

Dijeron: «Eso no es Bíblico. No podemos usar a las mujeres».

Me sorprendí de que aun las esposas de los pastores estuvieran de acuerdo con sus esposos. Finalmente les dije: «Ustedes nunca tendrán una iglesia creciendo si descuidan utilizar a las mujeres en su iglesia».

Las mujeres son muy hábiles obreras cuando se trata de trabajar para Jesús. Las mujeres nacen con el don de la conversación. Si son debidamente entrenadas para testificar del evangelio, lo harán muy agresiva y muy efectivamente. Llamarán y visitarán a quienes van a testificar, con gran celo.

Cuando voy a América o a Europa, siento un gran dolor en mi corazón cuando veo cómo son ignoradas las mujeres para hacer la obra de Dios. Ellas han sido limitadas por lo que las Escrituras dicen en 1 Corintios 14.34: *Vuestras mujeres callen en las congregaciones; porque no les es permitido hablar, sino que estén sujetas, como también la ley lo dice.* Esto es un malentendido. Este versículo debe ser considerado junto con 1 Corintios 11.5: *Pero toda mujer que ora o profetiza con la cabeza descubierta, afrenta su cabeza; porque lo mismo es que si se hubiese rapado.*

La Biblia nos dice que en la iglesia primitiva las mujeres participaban en la adoración a Dios. Oraban y profetizaban durante los servicios.

Cuando el pastor delega autoridad y poder a los hombres y a las mujeres, ellos están representando a ese pastor. No actúan independientemente del pastor, sino dentro de la autoridad dada a ellos por el pastor. Ellos solamente representan al pastor.

Todas mis mujeres líderes de las células de hogares están bajo mi autoridad. Si se rebelan, se están rebelando contra mí.

Ellas tienen toda la autoridad en tanto que yo la delegue a
ellas, así que no hay problema delante de Dios ni de la gente.

En mi iglesia hay muchas mujeres líderes de células que
están bajo mi autoridad. Yo mismo, estoy bajo la absoluta
autoridad de Jesucristo. Si me desobedecen es lo mismo que
si se opusieran a mí. Sin embargo, tanto como me representen
y me obedezcan, yo soy responsable de ellas. Las protejo
cuando necesitan ser protegidas.

Esta es la verdad de la mayoría de las iglesias. Nuestra
iglesia tiene más mujeres que hombres. Los hombres son más
lentos y más resistentes al evangelio y son más propensos a
tomarse su tiempo antes de levantarse y trabajar para Cristo.

Aun durante el ministerio de Jesucristo, muchas mujeres lo
ayudaron (Lucas 8.2,3). En las iglesias, las mujeres son
mejores trabajadoras que los hombres. Sus oídos son más
sensibles a la voz del Espíritu Santo. Yo estoy muy contento
de que el número de mujeres en mi congregación aumente
diariamente.

## El sistema de células de hogares es un pequeño lugar de unidad de la cultura cristiana

Mucha de la cultura de hoy en día puede decirse que no es
cristiana. Todos los inconversos están acostumbrados a vivir
en esta cultura mundana. Sin embargo, una vez que son
ganados para Cristo y sacados de la cultura mundana, deben
ser puestos dentro de la cultura cristiana. En otras palabras,
no deben permanecer en la cultura mundana. Como el pez
vive en el agua, así las personas viven en una cultura. Usted
no puede predicar el evangelio sin pensar en la importancia
de la cultura. Cuando desea ir a otro país y testificar del
evangelio, necesariamente debe aprender la cultura de ese
país.

Un occidental que tenga un conocimiento muy limitado de Corea, será inefectivo como testigo. Si alguien desea testificar en Corea debe conocer la cultura coreana. Sin conocer la cultura coreana, el mensaje puede no ser aceptado.

En Corea, como en cualquier otro lugar, la cultura creyente y la cultura no creyente son diferentes. Precisamente ahora en Corea tenemos un gran número de aquellos que ya han aceptado a Cristo. Así que llegar a ser cristiano en Corea no es difícil. Hay universidades cristianas, teatros cristianos, estaciones de radio cristianas, librerías cristianas, y negocios cristianos. Si un cristiano va a la sociedad, puede escoger un trabajo en un negocio cristiano, en una fábrica cristiana, en una compañía cristiana; puede ir a un teatro cristiano, escuchar una radio cristiana, y casarse con un hombre o una mujer cristianos, porque él o ella escogen una cultura cristiana.

Pero en Japón hay viven tan pocos cristianos, que cuando un pecador llega a ser cristiano, es rechazado de la sociedad, no tiene amigos ni ningún lugar a donde ir. Es muy difícil ganar almas en Japón, pero con mucha persistencia sus murallas pueden ser derribadas.

Cuando los inconversos son arrancados de esta cultura mundana, hay que ubicarlos enseguida en la cultura cristiana. Para hacerlo, se necesita el sistema de células de hogares.

En la cultura no creyente de Corea, adoran a los espíritus de los antepasados una o dos veces al año. Son forzados por la tradición coreana a hacerlo así. La familia se reúne y se inclina ante los espíritus ancestrales. Si alguien llega a ser cristiano y rehúsa tomar parte en este ritual, esa persona sería absolutamente rechazada del compañerismo de la familia. Ellos llegan a quedar completamente aislados. ¿A dónde irán?

En un sistema de células de hogares, pueden ir a donde sus vecinos o amigos y ser aceptados. Hay un gran compañerismo existente allí, en su vecindario, y todos los que han sido rechazados pueden ser animados y ayudados. El sistema de células de hogares es muy, muy necesario.

En Corea, muchos abogados están haciéndose cristianos, así que tenemos un grupo de célula de hogar de abogados. Unidos por algo común, tienen buen compañerismo los unos con los otros. Tenemos una célula de hogar de actores y actrices. Cada persona es puesta en un grupo de célula en la que el compañerismo puede ser grandemente mejorado. No sería demasiado sabio poner a los carpinteros con los médicos, o a los trabajadores con los actores y actrices. Todos ellos tienen diferentes intereses. La cultura cristiana es muy, muy importante. Para acomodar y mejorar la cultura cristiana, tenemos tanto el sistema regional de células de hogares, como el sistema homogéneo de células de hogares. De esta manera, la gente del mismo negocio puede reunirse con su propio grupo, y tener fácil compañerismo y comunicación.

## La célula de hogar
## es un lugar donde somos uno en amor

Hace unos pocos años, la ciudad de Seúl sufrió la peor inundación en 70 años. Llovió por tres días consecutivos. El famoso río Han se desbordó. Muchos lugares quedaron inundados. Como mi iglesia estaba también en peligro de quedar inundada, yo estuve al borde de no poder ir a casa. Me quedé en la iglesia porque el río Han podía anegarla en cualquier momento.

Peor que eso, nuestra imprenta del periódico estaba en un área más baja, cerca del río Han. Una vez que el río se desbordara e inundara el área, se perderían alrededor de 20 millones de dólares en un abrir y cerrar de ojos. Cuando el río inundó la imprenta tuvimos que suspender la impresión de nuestro periódico, y como yo había comprado todas las máquinas de imprenta en Suecia, tomaría mucho tiempo reemplazarlas.

La última vez que tuvimos una inundación, nuestra imprenta fue la primera en ser afectada. Así que esta vez oré: «Esta es tu imprenta, no nuestra imprenta, tu dinero, no nuestro dinero. Tus veinte millones de dólares pueden ser barridos. Es tu trabajo, ayúdanos».

Un tremendo milagro tuvo lugar. Todos los demás lugares bajos fueron inundados, menos nuestro lugar. La televisión constantemente anunció durante toda la noche que nuestro lugar sería el primero en ser inundado. Una luz roja se prendía y se apagaba en el mapa, indicando que el nuestro sería el primer lugar en inundarse.

Consecuentemente, puesto que la televisión hizo este anuncio, los bomberos trajeron todo su equipo a nuestra área y bombearon toda el agua rápida y continuamente. Por eso, mientras todos los otros lugares se inundaron, el nuestro permaneció seco. Por un milagro de Dios, nuestra imprenta se salvó.

Durante esta misma inundación, 5000 hogares de familias de mi iglesia fueron totalmente inundados. Perdieron ropa, alimentos, todo. ¿Cómo podría nuestra iglesia proveer para sus necesidades rápidamente?

Muy simple. Enseguida, todos nuestros sistemas de células de hogares se activaron. La iglesia madre suplió cierta cantidad de dinero para cada familia, de manera que pudieran limpiar su casa. También les enviamos ropa. Los líderes de las células de hogares recibieron a estas familias necesitadas en sus hogares y les dieron arroz, vestidos y dinero (el cual había sido provisto por nuestra iglesia). Las personas necesitadas fueron restauradas y rehabilitadas en amor cristiano.

Tres semanas después de la inundación, muchos hogares de inconversos estaban todavía con problemas, pero nuestros cristianos estaban todos ya en sus casas limpias porque en las unidades de células de hogares se ayudaron los unos a los otros para limpiar las casas, alabando a Dios y comprando cosas nuevas para su hogar. ¡Que cooperación y ardiente amor!

Usted no podría hacer esto si su iglesia está organizada solo centralmente. Usted no puede movilizar a tantas personas de una vez, para hacer ese trabajo con tanto afecto. Puesto que nuestros líderes de células de hogares dirigían a sus vecinos dentro de su propio vecindario pudieron movilizarse y ayudar efectivamente en este terrible tiempo de necesidad.

Las familias restauradas estaban muy felices. Ahora ellas aman a Dios y a nuestra iglesia mucho más, porque saben que somos sus amigos.

## El sistema de células de hogares es un lugar donde compartimos buenas cosas

Para que los que han sido salvados, lavados, limpiados y renacidos por la sangre de Jesucristo, sean llenos del Espíritu Santo continuamente, necesitan participar de las células de hogares. Compartiendo y estudiando la Biblia juntos, su fe crece diariamente. Nuestra iglesia provee a las células de hogares las guías de estudio que necesitan para su educación.

Proveemos a las células de hogares de claras guías de estudio que les ayudan a mejorar la calidad de su vida cristiana. Esto balancea el crecimiento numérico de la iglesia con el crecimiento interior de cada uno de los miembros de la iglesia.

Sin este sistema de células esta iglesia no puede permanecer. La iglesia ha sido levantada por medio del sistema de células, y todos los miembros pertenecen a una célula. Es allí donde reciben su entrenamiento y su alimento espiritual.

No puedo enfatizar lo suficiente que usted no necesita preocuparse por sus actuales programas y sistemas. No necesita suspender ningún sistema existente en su iglesia, déjelos continuar como siempre. Pero cuando los miembros se vayan de la iglesia a sus hogares, déjelos que comiencen sus nuevas vidas en el sistema de células de hogares. Toda la iglesia y todo el ministerio pueden ajustarse para ayudar al sistema de células de hogares. Este es el aspecto central de mi iglesia, porque yo organicé nuestro ministerio para apoyar este sistema.

Yo superviso toda la iglesia. Bajo mí están los asistentes principales; bajo ellos están los ministros ordenados (todos nombrados para los distritos más grandes del sistema de células de hogares); bajo ellos están los ministros licenciados (que supervisan las áreas más pequeñas dentro de los grandes distritos); bajo los distritos más pequeños están las células de hogares (compuestas de cinco o diez familias). Este sistema está organizado como una pirámide.

De todas las células de hogares llega a mí la información. Hay una gran central de computación, y cada célula de hogar tiene su propia estación alimentadora. Cada semana se añaden nuevas almas a la central de computación, y las personas que se han retirado o que se han muerto, son borradas. Nuestras estadísticas son muy exactas.

Nuestra iglesia opera totalmente con el sistema de células de hogares. Nuestra iglesia está creciendo a cada momento.

No piensen que tenemos servicios solamente en nuestra iglesia principal. Nuestra iglesia está moviéndose toda la semana mediante el sistema de células de hogares. En ellas hay servicios de adoración, testimonios, se ganan almas en los departamentos, en los mercados, en las escuelas, en los colegios, en las universidades, en los cuarteles, etc. Nuestros líderes de células trabajan en todas las áreas para la gloria de Dios.

# Capítulo 8

# La clave para el crecimiento de la Iglesia: El Espíritu Santo

### El Espíritu Santo tiene personalidad

Sin aceptar que el Espíritu Santo tiene personalidad, no se puede esperar que la Iglesia crezca.

Cuando usted tiene a una persona como invitada en su casa, usted no la ignora, usted la reconoce, le agradece y habla con esa persona. Nunca la deja sola en la sala, porque si lo hace esa persona puede sentirse maltratada y agraviada, y puede irse.

En las vidas de muchos cristianos, el Espíritu Santo es maltratado y agraviado. Todos los cristianos están tan ocupados haciendo la obra de Dios y viviendo sus vidas, que no reconocen al Espíritu Santo. Nosotros, los seres humanos, somos personas y tenemos personalidades. Hay muchos problemas en la familia y en la iglesia debido a la manera como tratan a nuestra persona o cómo tratamos a la persona de los demás. Cuando admití mi necesidad de reconocer al Espíritu Santo y aceptarlo en mi ser, pude llamarlo por su nombre.

Eso es lo más importante en el caso de las parejas casadas. Para que un matrimonio funcione, cada parte debe reconocer a su cónyuge como persona. Si una de las partes no reconoce a la otra como persona, el matrimonio se desbaratará. Ahora, cuando vivimos en este mundo industrializado donde necesitamos correr por las autopistas de la información, muchos no encuentran la tranquilidad para dedicar tiempo de calidad a su cónyuge. Esto incide en los momentos que deben tener juntos para conversar y compartir. Esta ruptura puede conducir a la pareja hasta al divorcio.

Mi esposa y yo no fuimos la excepción en esto. Durante los primeros tiempos de nuestro matrimonio, no quise ser pastor de tiempo completo de una iglesia, sino más bien un evangelista sin ataduras. Pensé que pastorear una iglesia sería una carga demasiado pesada para mí. En cambio un evangelista era libre de viajar y no estaba atado a un solo lugar. También pensaba, en ese tiempo, que como evangelista necesitaría tener solamente unos cinco sermones listos, los cuales podría repetirlos una y otra vez en diferentes lugares. En cambio, como pastor de una iglesia tendría que preparar diferentes sermones cada semana.

Como ustedes ya saben, durante los cuarenta años de mi ministerio, no ha habido una semana en la que no me haya preocupado de preparar los sermones.

Durante mis primeros tiempos como pastor, cuando regresaba a casa le preguntaba a mi esposa: «¿Podrías predicar el sermón del próximo domingo, querida? Yo no tengo absolutamente nada que predicar».

Mi esposa respondía: «¿Por qué no vas y predicas lo que te venga a la mente?»

«Eso no es fácil. Has vivido conmigo todo este tiempo y todavía no sabes mucho de mí».

Al sentirme más y más cargado con la demanda de preparar los sermones, puse más interés en ser un evangelista.

Predicaba en mi iglesia solamente el domingo, luego hacía mis maletas y me iba para sostener reuniones evangelísticas en diferentes lugares. Luego, el sábado por la noche regresaba a casa con la ropa sucia. A mi regreso mi esposa siempre me recibía cariñosamente.

Las continuas repeticiones de semanas así, comenzaron a crear problemas. Mientras yo estaba lejos en las reuniones evangelísticas, mi esposa permanecía sola en casa. Con el tiempo fue sintiéndose afectada por tales reuniones. Se le iban las lágrimas cuando me veía partir. Como solución le compré un pequeño perrito y se lo obsequié como un presente.

«Ténlo como un amiguito. Ya no te sentirás tan sola».

Por un tiempo fui tan ingenuo que creí que le había dado lo que necesitaba. Vivíamos en un lindo departamento, y le daba suficiente dinero para administrar la casa, y además ahora tenía un compañero mientras yo estaba lejos. Pensaba que le había dado todo lo que necesitaba. Durante seis meses dirigí toda mi atención al evangelismo.

Entonces un día, mi suegra se me acercó y me dijo que quería hablar conmigo sobre la situación de mi hogar.

«¿Piensa continuar viviendo con mi hija?»

«Por supuesto», le contesté.

«Entonces déjeme decirle algo. Si no cambia la situación de su hogar, no podrá seguir viviendo con mi hija. Ella vino a mí llorando el otro día, y me dijo que usted procedía como si estuviera casado con un objeto, no con una persona. Una persona necesita ser amada, ser reconocida, ser tomada en cuenta, sentirse viva. Mi hija está considerando seriamente dejarle».

«Madre, no se preocupe de nosotros. Usted no comprende toda la situación. Arreglaré esto enseguida». Ese día fui a casa y conversé con mi esposa.

Me senté en el piso frente a ella y tomé su mano.

«¿Por qué no me dijiste lo que sientes sobre nuestra situación? Debías haberme dicho a mí directamente, sin decirle primero a tu madre. Todos esos sentimientos son del diablo. Déjame orar por ti». Tomé sus manos y oré para que Dios le sacara los demonios que estaban poniendo pensamientos de infelicidad en mi esposa.

Luego de eso sentí que Dios había contestado mis oraciones.

Pero el problema no desapareció, sino que empeoró de día en día. Su depresión comenzó a afectarla de muchas maneras. Los médicos que asistían a mi iglesia me dijeron que si no se curaba a tiempo de su depresión, todo su ser estaría tan hundido en ella que no tendría esperanza de recuperarse.

Nuevamente oré a Dios.

«Oh Padre, ¿qué debo hacer? Si hubiera sabido que esto me iba a pasar, me hubiera quedado soltero para poder trabajar en tu obra. ¿Qué puedo hacer Señor? Mi primera prioridad eres tú, luego la iglesia, luego mis hijos y luego mi esposa. No puedo cambiar mis prioridades. ¿No es así como debe ser?» Cuando oré, el Espíritu Santo me respondió:

«No, no es así como debe ser. Sí, Dios debe ser tu primera prioridad, luego vienes tú, luego tu esposa, luego tus hijos y finalmente tu iglesia».

No podía creerlo. Pensé que era un engaño del diablo. Pero cada vez que oraba, la repuesta era la misma.

«Tienes el potencial para pastorear la iglesia más grande del mundo, pero todos tus esfuerzos quedarán en nada, si tu matrimonio continúa de esta manera. Todo tu trabajo se derrumbará a tu alrededor y llegará a ser como polvo. Debes obedecerme».

Finalmente cambié mis prioridades y me propuse pasar más tiempo con ella los lunes. Además, si mi esposa lo deseaba, estaba dispuesto a unirme a ella para hacer cualquier cosa que quisiera.

El siguiente lunes comprendí que mi decisión fue un poco apresurada.

Ese lunes ella quiso tener un picnic en un parque. Me pidió que la tomara de la mano y que paseáramos por el parque. Me estaba pidiendo hacer algo que me parecía horrible. En ese tiempo estaba todavía muy influido por la ética de Confucio, y cogerse de las manos con la esposa de uno, en público, era algo vergonzoso. Tenía temor de que alguien que me conociera pasara por allí y me viera. Ella pretendía que fuéramos como dos adolescentes enamorados. Sin embargo, no podía retroceder en lo que había dicho. La tomé de la mano y caminamos por todo el parque por muchas horas.

Después de almorzar en el parque, fuimos a una tienda por departamentos. Ella quería mirar y ver lo que había. Pero al poco rato me aburrí.

«Si Quieres comprar algo te daré el dinero. Pero cualquier cosa que sea decídete pronto y vámonos».

«No, no. Me gusta solamente ver. No necesito nada. Solo quiero mirar. No te olvides que ahora es lunes. Este es mi día. Tú lo prometiste».

Muchos lunes los pasamos de esta manera. Aunque yo sufría grandemente cada lunes, muy pronto la sonrisa apareció en el rostro de mi esposa más a menudo.

«Por fin me siento como una persona. Me siento amada y un gran peso ha sido removido de mi pecho. Puedo respirar libremente. No tengo palabras para decirte lo mucho que aprecio tu sacrificio.

»Hace algún tiempo me sentía tan oprimida que no podía respirar. No me sentía como una persona. Tú me preguntabas qué más necesitaba. No necesitaba nada, solamente que me reconocieras como persona».

Con esta lección comprendí que debemos reconocer al Espíritu Santo como persona. Hasta ese momento lo consideraba solamente como una herramienta que Dios usaba. Comprendí que mi relación con el Espíritu Santo era similar a mi relación con mi esposa. El Espíritu Santo ha estado conmigo desde mi salvación. Nunca me di cuenta cuán cerca de mí estaba, pero en mi ignorancia lo había ofendido. El Espíritu Santo es una persona. Como tal necesita ser conocido y reconocido.

Desde ese día, mi actitud hacia el Espíritu Santo cambió. Lo reconocí y conocí y seguí su dirección.

## El Espíritu Santo, mi guía, mi compañero

Cuando me di cuenta que el Espíritu Santo tiene personalidad, volví a estudiar el libro de los Hechos con una nueva visión. Estudié muy de cerca la relación entre la iglesia primitiva y el Espíritu Santo. Los primeros cristianos tuvieron una reunión en Jerusalén para discutir cómo debían predicar el evangelio a los gentiles (Hechos 15). Está registrado en Hechos 15.28: *Porque ha parecido bien al Espíritu Santo, y a nosotros, no imponeros ninguna carga más que estas cosas necesarias.*

Las mismas palabras revelan la percepción del Espíritu Santo con personalidad definida. Lo trataban como a un líder, como a la cabeza de su concilio. También cuando Pablo y Bernabé emprendieron su cruzada, ellos esperaron hasta que el Espíritu Santo les ordenara. Consideraban al Espíritu Santo como su compañero.

Después de haber logrado esta comprensión, decidí tomar al Espíritu Santo como mi compañero. Cambié también mi percepción y opinión sobre el Espíritu Santo.

«Oh, Espíritu Santo, Jesucristo está a la derecha de Dios, pero tú estás conmigo, aquí, ahora. Tú eres Dios y tú estás conmigo ahora. Tú eres mi guía, mi maestro. Sin embargo, todo este tiempo te he ofendido. Te he causado pesar y me he rebelado contra ti, a veces. Si yo fuera tú, hace mucho tiempo que hubiera dejado a alguien como yo. Pero tú todavía estás conmigo. Desde ahora, me quedaré un poco atrás y dejaré que tú tomes la delantera».

Continué con mi estudio personal sobre el Espíritu Santo y sobre cómo comunicarme con Él. Durante todo el tiempo que estudié en el Colegio Bíblico, nadie me enseñó que el Espíritu Santo tenía personalidad. Por la Biblia aprendí muchas cosas sobre el Espíritu Santo.

*La gracia del Señor Jesucristo, el amor de Dios, y la comunión del Espíritu Santo sean con todos vosotros. Amén* (2 Corintios 13.13).

La Biblia nos dice que tenemos compañerismo con el Espíritu Santo. Uno de los más importantes elementos del compañerismo es la comunicación.

«¿Cómo está? ¿Cómo está su familia?» El compañerismo requiere una comunicación directa.

Después de haber aprendido esto he tenido un compañerismo muy personal con el Espíritu Santo. En realidad, el Espíritu Santo está aun más cerca de mí, que lo que está mi esposa. Estoy más consciente de cómo el Espíritu Santo siente, que de cómo mi esposa siente. Esto es algo natural porque he llegado a ser uno con el Espíritu Santo.

Diariamente confieso mi reconocimiento de lo que es el Espíritu Santo.

«Oh Espíritu Santo. Gracias por darme otro día maravilloso. Una vez más ahora tendré la victoria porque tú estás conmigo».

Cuando estoy preparando un sermón, hablo con el Espíritu Santo.

«Oh Espíritu Santo, tú sabes el mensaje que necesito predicar a la gente. Indícame lo que necesito predicar».

Cuando el Espíritu Santo está detrás de mí en el púlpito, mis mensajes tienen mucho más poder, y hay más grande bendición para la congregación. Yo mismo puedo sentir la unción del Espíritu Santo cuando predico.

Después de terminar mi sermón, hablo con el Espíritu Santo.

«¡Oh Espíritu Santo! Gracias. Soy solamente una herramienta para que tú la uses. Gracias».

Tener compañerismo con el Espíritu Santo no es lo mismo que ser llenos del Espíritu Santo de vez en cuando.

Comencé a orar y a tener compañerismo con el Espíritu Santo diariamente. Cuando lo hice, fui lleno del Espíritu Santo en un nivel enteramente nuevo. Comencé a sentir la presencia del Espíritu Santo literalmente en mi piel. Mi congregación me dijo que yo había cambiado y que estaba más lleno de poder. Me dijeron que la bendición de Dios que recibían a través mío, había entrado en un nivel totalmente nuevo.

No mucho tiempo después, la membresía de mi iglesia rompió el límite de los 3000 y comenzó a crecer rápidamente. Para 1969, mi iglesia tenía 18.000 miembros.

Cuando mi iglesia creció hasta ese tamaño, me dije: «Ahh, estoy muy feliz y satisfecho. Tengo una linda familia, suficientes medios económicos para sostener tanto mi familia como mi ministerio, y esta iglesia grande».

Entonces el Espíritu Santo me dijo: «Ahora es tu último día en esta iglesia. Deja esta iglesia. Comunica a los ancianos tu deseo de salir, y sin tomar nada de esta iglesia, ve y comienza otra».

Yo estaba totalmente conmocionado.

«¡Oh Espíritu Santo! ¿Estás seguro de que eso quieres decirme? He luchado tantos años para levantar esta iglesia, y ahora estoy finalmente satisfecho. En realidad estoy muy agotado también. ¿No podrías seleccionar a otra persona para levantar una nueva iglesia?»

El Espíritu Santo me dijo: «Esta no es tu iglesia. Esta iglesia me pertenece. Tu trabajo en esta iglesia ha terminado. Debes ir a Yoido y construir una iglesia que pueda acomodar a 10.000 personas. Pero en ese tiempo, construir una iglesia tan grande era una tarea monumental. Continué debatiendo con el Espíritu Santo.

«Oh Espíritu Santo, no tengo mucho deseo de comenzar otra iglesia».

Por supuesto, mi deseo de rehusar el mandato del Espíritu Santo fue inútil. Finalmente en 1969, hice la decisión de construir la Iglesia del Evangelio Completo Yoido, en Yoido. A través de muchas tribulaciones y dificultades la iglesia se terminó en 1973.

Como ustedes ya saben ahora, la Iglesia del Evangelio Completo de Yoido, tiene ahora 700.000 miembros. La grandeza de esta iglesia vino por la obra del Espíritu Santo. Sin Él, nada de esto hubiera sido posible.

Hasta ahora sigo haciendo todos los esfuerzos por conocer más sobre el Espíritu Santo. El Espíritu Santo es Dios que permanece a mi lado para ayudarme directamente. Cristo ha completado su trabajo en la tierra, y ahora está a la derecha de Dios. El Espíritu Santo está en la tierra ahora para continuar haciendo la voluntad de Dios. Sin su ayuda, nada es posible.

Aquí es donde radica el problema de las iglesias de Japón. Muchos de los ministros allí tratan de hacer la obra de Dios dependiendo solamente de su intelecto y de su capacidad. Su conocimiento sobre el Espíritu Santo es muy limitado. Esto impide que sus iglesias crezcan. Ellos justifican la pequeñez de sus iglesias diciendo: «lo pequeño es hermoso». Por supuesto, eso no es mentira, las iglesias pequeñas tienen sus méritos. Sin embargo, para cumplir la orden de Cristo de extender el evangelio hasta todos los rincones del mundo, las iglesias deben crecer en tamaño para sostener este ministerio. Para hacer esto debemos comunicarnos y tener compañerismo con el Espíritu Santo.

El Espíritu Santo es una de las personas del Dios Trino. No tener la ayuda del Espíritu Santo es lo mismo que edificar la iglesia sobre un bloque de hielo. Usted puede predicar sermones maravillosos y puede ostentar una gran organización, pero su iglesia carecerá de la bendición y de la experiencia del Espíritu Santo viviente.

Para mí, sentir la presencia del Espíritu Santo es mucho más importante que tener el poder del Espíritu Santo. Aunque solamente balbucee y tartamudee mientras predico, si mi congregación puede sentir al Espíritu Santo moviéndose en la iglesia, serán bendecidos directamente por el Espíritu Santo. Aunque yo no tenga poder, el Espíritu Santo no tiene ninguna dificultad en bendecir a la congregación directamente.

Algunos fuera de la iglesia me critican de que en mis sermones hago demasiado énfasis en el Espíritu Santo. Sin embargo, nunca he hecho nada de mi propia iniciativa, sin buscar primeramente la voluntad de Dios. Mi constante comunicación de compañerismo con el Espíritu Santo, me permite entender y oír la voluntad de Dios. A menos que sea llamado por Dios primero, por medio de Espíritu Santo, yo no emprendo en ningún trabajo.

No digo que todos los pastores deben construir su iglesia hasta tal tamaño que tenga 700.000 miembros. El crecimiento de su iglesia está finalmente en las manos de Dios. Pero muchos pastores no utilizan totalmente el poder que les ha sido dado.

Cuando usted establece una meta, debe primeramente preguntarle a Dios y saber cuál es su voluntad. Cuando lo haga así, el Espíritu Santo le dirá cuál es la voluntad de Dios en detalle. Entonces debe orar a Dios y tener constante compañerismo con el Espíritu Santo para producir la realización de esa meta.

Está escrito en Marcos 11.24: *Todo lo que pidiereis orando, creed que lo recibiréis, y os vendrá.*

Debemos plantar semillas de fe que produzcan una sincera vida de oración y de comunión con el Espíritu Santo.

## El Espíritu Santo, el Consolador

El Espíritu Santo nos bendice con el amor de Dios y la gracia de Cristo por nuestra adoración. Sin el Espíritu Santo no podemos conocer el amor de Dios ni su gracia. Para nosotros, aprender del Dios vivo y tener fe en la sangre de Jesucristo es de la mayor importancia, y esto solamente puede ser posible por medio del Espíritu Santo. Esto es tan importante como experimentar y tener fe en Dios y en Cristo. Es por esto que oro por la sanidad de Dios y echo fuera los demonios, en cada uno de los servicios que dirijo.

Por medio de la sanidad de los enfermos Dios expresa su amor por sus hijos. La sanidad divina es la participación directa de Dios en la humanidad y es absolutamente necesaria para el crecimiento de la iglesia. Si la sanidad divina no fuera de tanta importancia, ¿por qué Cristo se involucró con sanar a los enfermos? Muchas personas hoy en día creen que la sanidad divina no es de mucha importancia, pero esto es una equivocación.

Cuando Cristo ordenó a sus discípulos ir y predicar el evangelio, también les dijo que fueran y sanaran a los enfermos, en su nombre. Ser curados de nuestras enfermedades por el poder de Dios es fundamental para su Reino. Si no podemos experimentar la sanidad divina que viene a través de Jesucristo, no podemos edificar una iglesia sobre un fundamento sólido.

Mucha gente dice que nuestra iglesia pudo crecer porque pusimos en práctica el sistema de células. Sin embargo, si mi congregación no hubiera experimentado la sanidad divina mediante Jesucristo, nuestro sistema de células no hubiera sido tan efectivo como fue. Todos los líderes de mis células oran por sanidad divina. Guardo un registro de todas las sanidades divinas que Cristo ha hecho en mi iglesia. Muchas han sido confirmadas por médicos como verdaderamente milagrosas. Que Dios les había curado no había duda. Debemos ser uno con el Espíritu Santo.

Una vez cuando estaba en Francia, prediqué un mensaje sobre la comunicación con el Espíritu Santo. Después de mi mensaje, un francés se me acercó.

«Pastor, he traducido toda la Biblia dos veces, una del hebreo y otra del griego. Esta mañana he asistido a su servicio».

Mi corazón saltó con aprehensión por sus palabras. Continuó:

»Todo lo que usted dijo esta mañana es absolutamente correcto. Pero usted dejó fuera una cosa muy importante. Usted dijo que "Koinonía" tiene el significado de compañerismo y comunicación. Yo quisiera añadir un significado más. También significa "llegar a ser uno"».

Unicidad. Eso es. Para nosotros, tener íntima comunicación con el Espíritu Santo, significa llegar a ser uno con Él. Ya hemos llegado a ser uno en Cristo. La Biblia nos dice que mediante Cristo llegamos a ser uno con Dios, Cristo y el Espíritu Santo. En realidad no podemos separarnos de Dios.

Algunos dicen que aun después de recibir a Cristo en su corazón, una persona puede cometer pecado y caer de la gracia de Dios. Sin embargo yo digo que mientras vivamos en comunicación con el Espíritu Santo esto es imposible. ¿Cómo podemos vivir lejos del Espíritu Santo?

En mi caso, cuando cometo pecado el Espíritu Santo me convence muy severamente. No puedo dormir hasta que me arrepiento. Usted no puede volver a su vida vieja y cometer los pecados como los cometía antes de que fuera salvo. Es porque el Espíritu Santo habita en usted.

El Espíritu Santo es uno con nuestro espíritu y mora con nosotros. Dormimos, nos despertamos, comemos y trabajamos con el Espíritu Santo. La Biblia nos dice que si una persona no tiene el Espíritu Santo no es de Cristo (Romanos 8.9). Jesucristo viene en forma de Espíritu Santo para morar con nosotros.

Durante los primeros años de mi ministerio, siempre dejaba un asiento vacío en el pódium. No dejaba que ninguna persona se sentara en él. Esta era mi manera de reconocer la presencia del Espíritu Santo.

Cuando me dirigía a tomar asiento, miraba ese asiento vacío y me decía en mi interior: «Oh Espíritu Santo, por favor toma asiento allí». Por supuesto, el Espíritu Santo no tomaba asiento literalmente en ninguna parte, pero para mí esto representaba una confirmación de que el Espíritu Santo estaba conmigo en ese mismo instante. Ahora he dejado de hacerlo así, pero siento su presencia todas las veces, dondequiera.

Cuando comienzo y cuando termino un sermón, estoy siempre en comunicación con el Espíritu Santo. También discuto mis problemas con el Espíritu Santo.

Un ministro metodista, después de oír mi sermón se encendió en ira.

«Cuando usted predica, una campana de alarma suena en mi corazón y no puedo oír su mensaje. Usted está en un área muy lóbrega en cuanto a doctrina. Usted debe predicar solamente lo que concierne a Dios y a Jesucristo. Usted no puede hablar directamente al Espíritu Santo. ¿O puede?»

Le respondí: «Déjeme hacerle una pregunta. Cuando usted se reúne con su familia, ¿solamente habla con su padre y su madre, ignorando a sus hermanos y hermanas? ¿No habla con todos los de su familia? Nuestro Dios es un Dios trino: Dios el Padre, Dios el Hijo, y Dios el Espíritu Santo. ¿Por qué es que ignora al Espíritu Santo? ¿Por qué debo sentirme culpable de hablar con el Espíritu Santo?»

Por muchos años he estado hablando con el Espíritu Santo. Es el Espíritu Santo el que me ayuda a orar a Dios efectivamente. Es el Espíritu Santo el que me ayuda a testificar de Cristo efectivamente. Es el Espíritu Santo el que hace que mi vida sea un testimonio de la gracia de Cristo.

Agradezco al Espíritu Santo y reverencio al Espíritu Santo. Toda la ayuda que el Espíritu Santo me ha dado a través de los años no puede ser mencionada en su totalidad. Ya no tengo temor de nada, porque tengo la firme convicción de que el Espíritu Santo está conmigo. Dios nos llena con el Espíritu Santo con el propósito de hacernos un poderoso testimonio de Cristo (Hechos 1.8).

A pesar de esto, muchos pastores no caminan con el Espíritu Santo y por eso fracasan en el crecimiento de su iglesia. Es el Espíritu Santo el que le provee de todo lo que usted necesita en el área financiera, administrativa, y de recursos humanos. Mientras que nosotros poseemos solamente nuestro intelecto y experiencia, el Espíritu Santo nos da sueños y visiones. Nos da metas y nos ayuda a alcanzarlas. Nos ayuda a orar y nos revela la verdad de Dios en nuestros corazones. No debemos hacer ni una sola cosa sin el Espíritu Santo.

Glorifico al Espíritu Santo porque Él me da nuevas ideas y pensamientos cada día. Aunque la arena en el reloj del tiempo continúa pasando, empujando a mi cuerpo hacia la vejez, mi espíritu recibe nueva fortaleza día a día, y la esperanza se agiganta. Las visiones y los sueños del Espíritu Santo nunca terminan en mí. Por esa razón me es difícil entender por qué los pastores fracasan en el crecimiento de la iglesia. Tenemos un sorprendente consejero y guía que nos ayuda en nuestras empresas. Cuando Él está presente, las iglesias «vacías» o «dormidas» no son concebibles siquiera.

El Espíritu Santo nunca duerme, sino que trabaja constantemente poniendo sueños y visiones en las mentes de los cristianos.

La Biblia afirma en Hebreos 10.38: *Más el justo vivirá por fe; y si retrocediere no agradará a mi alma.* Por la fe, usted puede llamar a lo que no es como que es. No somos seres humanos promedio. Somos seres llenos del Espíritu Santo. Vivimos con los sueños y visiones del Espíritu Santo.

Les suplico a todos ustedes reconocer al Espíritu Santo diariamente en sus vidas. Confiesen el reconocimiento de Él diariamente. Confíen en Él para todo.

Nunca hago nada por mi cuenta. Trato todo con el Espíritu Santo. Entonces, Él me revela cómo llevar a cabo esa tarea particular, de una manera detallada. Luego me ayuda a realizarla.

Les ruego honrar y adorar al Espíritu Santo con toda sinceridad. Les ruego ser completamente llenos del Espíritu Santo. No hagan ninguna decisión apresurada por su propia cuenta, sin consultar con el Espíritu Santo. Cuando obedezcan al Espíritu Santo y se conduzcan conforme a su mandato, serán bendecidos con el poder de Dios y serán victoriosos en todo.

# Capítulo 9

# El avivamiento pentecostal

¿Cómo podemos los creyentes involucrarnos en la evangelización mundial?

En una ocasión, para alistarme para una conferencia fui a la barbería. La chica que me cortaba el pelo me hizo una pregunta:

«Señor presidente (pensando que yo era presidente de una compañía), usted siempre pelea con su esposa en casa?»

«Cuando estaba recién casado acostumbraba a pelear con mi esposa todo el tiempo, pero ahora nunca peleo», contesté.

«¿Y cómo pasó eso?»

«Porque tengo a Jesús en mi corazón y a Él no le gusta que pelee con mi esposa. Así que no lo hago».

Mientras continuaba esta conversación, la gente comenzó a reunirse alrededor mío. No sabían que yo era un predicador.

Me preguntaron: «¿Usted cree realmente en el Señor Jesucristo?»

«Por supuesto que creo. ¿Ustedes no?», les respondí con una pregunta.

«No, no creemos en Cristo», me dijeron. «Pero si usted quiere creer en Cristo, vaya a la iglesia Yoido». Yo sentía que algo estaba fuera de lugar allí.

«Un momento, ustedes no creen en Cristo. Ustedes no son cristianos. Sin embargo me están diciendo que vaya a la iglesia Yoido. ¿Por qué?»

«Las personas que creen en Cristo, como nuestros parientes políticos, van a esa iglesia de locos».

«Si va esa iglesia será curado de sus enfermedades, será feliz y será rico», añadió otra persona.

«Las personas que asisten a esa iglesia y vienen a nuestra tienda nos contaron sobre la iglesia. Nos hablaron de Jesús. De manera que si alguien menciona el nombre de Jesús, inmediatamente pensamos en esa iglesia», dijo otro.

Después de que me cortaron el pelo y cuando me dirigía hacia la puerta, varias personas me siguieron y me dijeron: «Por favor, vaya a la iglesia Yoido».

Entonces me di cuenta por qué nuestra iglesia ha crecido hasta ser tan grande como es ahora. Es porque aun las personas que no son cristianas están hablando de nuestra iglesia y están compartiendo el ministerio de nuestra iglesia con los que se encuentran. Fui grandemente bendecido al aprender esto.

Nuestra iglesia invita al Espíritu Santo a los servicios; le damos la bienvenida y vivimos en el Espíritu Santo.

## La historia del movimiento pentecostal

Antes de Pentecostés, los discípulos de Cristo eran temerosos. No estaban dispuestos a compartir el evangelio con nadie más. Pero después del día de Pentecostés, todos sabemos cuán explosivo llegó a ser el evangelismo entre los creyentes de ese tiempo. En trescientos cortos años, el mundo conocido de entonces, el Imperio Romano, fue trastornado y la gente se convirtió al cristianismo.

Pero en otros 600 años, o algo así, la iglesia católica desarraigó al movimiento del Espíritu Santo, e institucionalizó la religión. Por eso la iglesia no pudo retener al Espíritu Santo, y vino la Era de las Tinieblas. Sin el Espíritu Santo, la Iglesia murió. El evangelismo se paralizó casi totalmente, pero, por la gracia de Dios y por sus planes, en el siglo dieciséis Él levantó a Martín Lutero. Y el gran mensaje de la reforma de que la salvación se recibe no por creer en la iglesia católica, o por pertenecer a la iglesia católica, sino por creer en el Señor Jesucristo, comenzó a predicarse.

Otra vez la Iglesia volvió a vivir. Poco tiempo después, el Espíritu Santo descendió y utilizó a los hermanos Wesley, para traer el Movimiento del Espíritu Santo de regreso al cristianismo.

## El movimiento del Espíritu Santo en el siglo veinte

Recuerden las Escrituras que dicen que en los últimos días el Espíritu Santo vendría de una manera poderosa (Hechos 2.17-21). Para cumplir esas Escrituras, el Espíritu Santo regresó de una manera poderosa en los 1900. Las personas eran bautizadas en el Espíritu Santo y hablaban en otras lenguas. La sanidad divina llegó a ser algo común, y los demonios eran echados de la gente. Cuando eso sucedió, las iglesias convencionales expulsaron a los creyentes que hablaban en lenguas y echaban fuera demonios. Y no fue por decisión suya sino porque fueron echados de las denominaciones convencionales, que con ellos se formó el Movimiento Pentecostal.

Han pasado aproximadamente 100 años desde que el Espíritu Santo descendió de una manera poderosa entre la gente. Desde entonces, de los 1,56 mil millones de cristianos que hay en el mundo ahora, aproximadamente el 11 por ciento, o sea 176 millones, se llaman a sí mismo pentecostales. Por eso, ahora, 176 millones de personas han sido bautizadas en el Espíritu Santo y hablan en otras lenguas.

Sin embargo, el Espíritu Santo no se está moviendo solamente dentro del Movimiento Pentecostal. En los años 50,

Dios comenzó a moverse de diferentes maneras, y el movimiento carismático, el movimiento de los dones, apareció.

La diferencia distintiva entre los movimientos carismático y pentecostal, es la siguiente: los carismáticos se quedan dentro de su denominación y comienzan su movimiento dentro de ella. Otra gran distinción entre carismáticos y pentecostales, es que los carismáticos no creen que el hablar en lenguas sea una manifestación necesaria del don del Espíritu Santo.

Desde los años 50, estos movimientos carismáticos, o movimientos dentro de la denominación, se han formado dentro de la iglesia Metodista, la iglesia Presbiteriana y todas las otras filiaciones denominacionales.

Ahora constituyen más o menos 123 millones de personas, aproximadamente el ocho por ciento de los cristianos profesantes. En los últimos tiempos está surgiendo un grupo que dice: «No somos carismáticos, ni somos pentecostales, pero creemos en el Espíritu Santo». Esto comenzó a suceder en los 80. Algunos líderes de estos grupos se han llamado a sí mismos de la Tercera Ola.

Creemos en la Tercera Ola del Espíritu. Esta Tercera Ola de personas llenas del Espíritu Santo, no pertenecen a la denominación pentecostal. No son necesariamente parte del movimiento carismático, pero este movimiento está siendo transportado a todo el globo, y esta cruzando todas las barreras denominacionales.

Estas personas ponen menos énfasis en el hablar en lenguas, pero hacen énfasis en las señales y prodigios, en los milagros y sanidades. Suman aproximadamente 28 millones.

A través del movimiento pentecostal, del movimiento carismático, y del movimiento de renovación de la tercera ola, Dios está marchando sobre el campo del enemigo y atacando al diablo.

Si se para en la playa, frente al mar, y observa las olas que ruedan hacia usted, notará que después de la primera ola, hay otra justo detrás de ella, y a veces la tercera ola que viene después será la que tenga más poder y le derribe.

En los primeros años de este siglo, el Espíritu Santo vino en el movimiento pentecostal. En los 50 y 60, el movimiento carismático entró en la Iglesia. En tiempos recientes, creo que la Tercera Ola vendrá y golpeará a la Iglesia de una manera mucho más grande que lo que lo hicieron los otros dos movimientos anteriores. Creo que la tercera ola del Espíritu Santo vendrá y se tragará al catolicismo, se tragará al pentecostalismo, y se tragará al movimiento carismático, entonces marchará hacia la preparación de los últimos días.

## El movimiento del Espíritu Santo

Se estima que si se suma el número de personas que han recibido el Espíritu Santo, serían aproximadamente 19 millones de cristianos por año. Hay 5,2 mil millones de personas que viven en el mundo ahora, y 1,56 mil millones son cristianos profesantes.

Aproximadamente 2,3 mil millones de personas en este mundo han oído el evangelio de Jesucristo, pero todavía no han aceptado a Cristo en sus corazones. También, hay aproximadamente 1,3 mil millones de personas en el mundo ahora, que nunca han tenido la oportunidad de oír el evangelio de las buenas nuevas.

¿Quién va a llevarles ese mensaje a las personas que nunca lo han oído? ¿Piensan que las personas que no tienen el Espíritu Santo, pueden llevar las buenas nuevas a las personas que nunca las han oído?

Desde 1933, el ochenta por ciento de todos los convertidos al cristianismo han venido, no de la gran mayoría de cristianos que no han sido llenos del Espíritu Santo, sino de aquellos que tienen el Espíritu Santo morando en ellos.

Nací en 1936, de manera que la mayoría de personas que nacieron después de mí, han sido convertidas a Cristo por personas que creían en el poder del Espíritu Santo. Las personas que no son llenas del Espíritu y no hablan en lenguas, en realidad no han hecho mucho por evangelizar.

Esa es la razón por la que Jesús dijo a sus discípulos que no salieran de Jerusalán. Tenían que esperar la promesa del Padre, que les bautizaría con Espíritu Santo y fuego.

No importa cuán diligentemente estudie las Escrituras. No importa cuán diligentemente ore. Si no tiene los dones del Espíritu Santo, no tendrá la llenura, el poder para ser capaz de salir y compartir el evangelio con los incrédulos.

Ahora, recibo informes de que en nuestra iglesia se hacen aproximadamente 5000 decisiones para Jesucristo cada mes. En un año, más de 60.000 personas pueden potencialmente llegar a ser miembros de nuestra iglesia. ¿Por qué sucede este gran fenómeno en nuestra iglesia? Porque los miembros han sido llenos y bautizados en el Espíritu Santo.

He oído rumores de que cuando Paul Yonggi Cho muera, la iglesia del Evangelio Completo Yoido, desaparecerá también. Sin embargo, estos rumores son falsos. No fui yo el que levantó la iglesia del Evangelio Completo Yoido. Fue el Espíritu Santo el que levantó esta iglesia tan grande.

¿Cómo puede la iglesia del Evangelio Completo Yoido, caer, cuando hay más de 50.000 líderes de grupos de células que están alimentando y cuidando de este gran rebaño? Esta iglesia no es mía, es la iglesia del Espíritu Santo, y es el Espíritu Santo el que la guarda.

Es por eso que diariamente invitamos al Espíritu Santo a nuestras vidas, le damos la bienvenida en nuestras vidas, y somos llenos del Espíritu Santo, para que podamos llevar el evangelio hasta los confines de la tierra.

Oro porque usted también construya grandes iglesias para Dios, para que pueda saludar, reconocer, y aceptar al Espíritu Santo en su vida y en su ministerio.

# Conozca al Dr. David Yonggi Cho

Cuando un ministro joven le preguntó al Dr. David Yonggi Cho el secreto de su éxito en la Iglesia Yoido del Evangelio Completo en Seúl, Corea, este respondió: «Yo oro, escucho y obedezco».

Durante su adolescencia, el Dr. Cho se convirtió del budismo al cristianismo y Dios lo sanó de tuberculosis. En 1958, apenas con una tienda de campaña militar desechada, comenzó a celebrar cultos en las afueras de Seúl. En sus primeros tres años de ministerio, pasaba las noches orando en la tienda. Cinco personas constituían su congregación. Mientras oraba, el Espíritu Santo le mostró en visión tres mil miembros. La oración pasó a ser la piedra angular de la iglesia, y los creyentes comenzaron a ver un crecimiento fenomenal, crecimiento que aun continúa cuarenta y un años después.

La noticia del rápido crecimiento de aquella iglesia se esparció. Pronto el Dr. Cho se convirtió en un orador bien solicitado. En 1976 fundó Crecimiento de Iglesia Internacional (CII) como foro para dar a conocer sus principios bíblicos de crecimiento. Los que han participado en los seminarios de CII suman ya casi siete millones, aparte de los que han recibido los beneficios de los ministerios de televisión, radio y publicaciones que surgieron de CII.

El Dr. Cho es el fundador de institutos bíblicos internacionales en Los Ángeles, Moscú y Tokio, y ha servido en diferentes juntas y comités de instituciones como Aglow Internacional. Es presidente ejecutivo de la Fraternidad Mundial de las Asambleas de Dios.

Ha escrito más de cien libros, algunos de los cuales han alcanzado amplia distribución y reconocimiento internacional.

Rebeca Medina Gonzalez

# VER ANTES
## DE
# POSEER